Arnold Bennett

Jeder Tag gehört Dir

Arnold Bennett

Jeder Tag gehört Dir

Bearbeitet, modernisiert
und für das 21. Jahrhundert
neu herausgegeben
von Patricia Horan

Aus dem Englischen von
Michael Nagula

Allegria

Die Originalausgaben erschienen unter den Titeln
HOW TO LIVE ON 24 HOURS A DAY; MARRIED LIFE
und FRIENDSHIP AND HAPPYNESS

Allegria ist ein Verlag der Ullstein Buchverlage GmbH, Berlin
Herausgeber: Michael Görden

ISBN-13: 978-3-7934-2058-3
ISBN-10: 3-7934-2058-2

Übersetzung: Michael Nagula
Umschlaggestaltung: FranklDesign, München
Titelabbildung: Shivananda Ackermann
Gesetzt aus der Garamond
Satz: te.ha, thea@mails.at
Druck und Bindearbeiten: GGP Media GmbH, Pößneck
Printed in Germany

Inhalt

Vorwort der Herausgeberin

Viele halten diese beiden Essays, ursprünglich einzeln erschienen, für die ersten Selbsthilfebücher, die jemals herauskamen. Und wenn Arnold Bennett, einer der größten Stilisten unter den englischen Prosaschriftstellern, Selbsthilfebücher schreibt, ist das etwas ganz Besonderes und aufregend obendrein. Erstmals vor über hundert Jahren zwischen den gewohnt dunkelblauen Einbanddeckeln gedruckt, handelt es sich um Schätze aus einer Zeit, in der man noch genüsslich eine Idee entwickeln und diese von allen Seiten betrachten und gemächlich überdenken konnte, bis man schließlich Gefallen daran fand.

Diese Essays wurden vom Verfasser von *Konstanze und Sophie oder Die alten Damen* geschrieben, und sie sind von denselben Überzeugungen und Geniestreichen durchdrungen, derselben Beherztheit und oft auch Zärtlichkeit für das Allzumenschliche, die auf so wundersame Weise seine Romane erfüllen. In diesen beiden Essays teilt Bennett die „geistige, moralische und pragmatische Tüchtigkeit" mit uns, die ihn zu dem machten, der er war. Sie enthalten seine größten Geheimnisse, ohne Zweifel unmittelbar seinem berühmten Tagebuch entnommen.

Wir sind heute verwundert darüber, wie sehr Arnold Bennett in seiner Zeit – der Wende zum zwanzigsten Jahrhundert – verehrt wurde. Sinclair Lewis bezeichnete ihn als „einen der wahrhaft großen Romanciers", während er für H. L. Mencken, den Inbegriff des scharfsichtigen Literaturkritikers, „eindeutig Anspruch darauf erheben kann, unter dem halben Dutzend der wichtigsten englischen Romanciers seiner Zeit geführt zu werden."

Bennett veröffentlichte in einer Zeit, als Schriftsteller noch Nationalhelden waren. Heute haben wir die Namen gefeierter Schriftsteller vor Augen, die in Talkshows auftreten, aber irgendwie ist das nicht das Gleiche. Bennetts Name kursierte auch in literarischen Kreisen und war selbstverständlicher Bestandteil der Gespräche, die in Salons und Klubs geführt wurden. Das Ungewöhnliche an ihm als Schriftsteller war, dass er in beiden Welten zuhause war. Bennetts literarischem Agenten gefiel das überhaupt nicht; er fürchtete, dass die „Westentaschenphilosophien", die Sie gerade in den Händen halten, Bennetts Ruf als ernsthaftem Romanautor schaden könnten.

Sie schadeten ihm eindeutig nicht. Vielmehr begründeten diese kleinen Bücher seinen hohen Stellenwert bei der Ausbildung des damaligen Geschmacks der englischen Öffentlichkeit. Indem er seine Leser in diesen Essays, genau wie in seinen Romanen, für ihr Philistertum ins Gebet nahm, gelang Arnold Bennett etwas, was viele Schriftsteller nicht einmal ansatzweise wagen: Er weckte die Begeisterung am Alltagsleben, und dafür liebten ihn die Menschen, auch wenn er sie unablässig tadelte.

Bennett war nicht nur ein Zeitgenosse von Thomas Hardy, Rudyard Kipling, H. G. Wells, Joseph Conrad, George Bernard Shaw, G. K. Chesterton und John Galsworthy, es heißt sogar, er habe seine Zeit „vollständiger zum Ausdruck gebracht als jeder Einzelne von ihnen". Es heißt auch, die Integrität von Bennetts Romanfiguren habe die der Romanfiguren seiner größten Schriftstellerkollegen noch übertroffen. Das ist nur eine der Eigenschaften, die diesen kleinen Essays ihren zeitlosen Wert verleihen.

Neben seinen Romanen und den vorliegenden „Westentaschenphilosophien" schrieb Bennett außerdem künstlerische Texte, Musik und Literaturkritiken, Kurzgeschichten, Theaterstücke und Abhandlungen. Im Gegensatz zu vielen anderen Schriftstellern war es ihm vergönnt, noch zu Lebzeiten die Früchte seines Erfolgs zu genießen. Im zweiten Jahrzehnt des zwanzigsten Jahrhunderts war er ein äußerst angesehenes Mitglied des literarischen Establishments, und 1918 wurde ihm sogar der Ritterschlag angeboten, den er jedoch ablehnte. Seine Schriften machten ihn so reich, dass er seine Zeit zwischen London, Paris, einem Landhaus in Essex und einer Yacht aufteilte. Wie er von einer seiner Romanfiguren sagte: „Mit vierzig war sein Erfolg gesichert, mit fünfzig war er eine Institution und mit sechzig eine unfehlbare Autorität."

Doch Bennett, der in Geschmacksfragen den Ton angab, entstammte selbst nicht der Prominenz. Wie auch schon sein Vater war er früh von der Schule abgegangen. Sein Geburtsort war eine Gegend in England, die als „The Potteries" bezeichnet wurde, eine Hochburg der Arbeiterklasse, die nicht gerade für ihre Schönheit oder ihren Wohlstand berühmt war und als tiefste Provinz galt. Der Kritiker Carl van Doren schrieb einmal: „Diese fünf Dörfer dürften wohl noch lange einen hohen Stellenwert in der Phantasie der Briten einnehmen."

Arnold Bennett war ein ernsthafter Mensch, der, von der klassischen Nüchternheit eines fundamentalen Methodismus geprägt, Vergnügungen ebenso missbilligte wie die Tatsache, dass den Armen das Lesen beigebracht wurde. Lernen sie zu lesen, drückte ein Geistlicher es einmal aus, „schreiben sie vielleicht etwas Hässliches an die Wände.“ Bennetts Vater, der als Solicitor arbeitete, ein nur an niederen Gerichten zugelassener Anwalt, hielt es in den fortgeschrittenen Jahren seiner Ehe für unnötig, überhaupt noch mit seiner Frau zu sprechen.

Arnold war ein Stotterer, ein schmerzliches Handicap, das der ältere Bennett seinem Sohn spöttisch vorhielt, indem er vor seinen Augen spuckend, nach Luft ringend und torkelnd erklärte: „Armer Arnold, ich weiß nicht, was wir mit dem armen Arnold anfangen sollen. Er wird sich nie selbst seinen Lebensunterhalt verdienen können.“ Kein Wunder, dass Arnold Bennett stocksteif durchs Leben ging, eine Schulter immer etwas höher als die andere, wobei sich die Schultern beim Gehen kaum bewegten. Jemand beobachtete einmal, dass er das Kinn immer an die Brust gezogen hielt, als habe man ihm einen Schlag darauf versetzt und als warte er seitdem unablässig auf den nächsten Schlag.

Sogar Bennetts Schrullen machten ihn liebenswert, erinnerte sich Somerset Maugham, darunter seine Gewohnheit, über Jahre hinweg jeden Tag Reispudding zu essen und Stiefel statt Schuhe zu tragen. „Es war unmöglich, ihn nicht zu mögen“, bekannte Maugham. H. G. Wells schrieb, dass Bennett „in ungewöhnlich hohem Maß Liebe ausstrahlte und erweckte.“ Bennett wusste, was er wollte. Als er einmal mit Hugh Walpole in einem Klub zu Abend aß, wurde er ärgerlich, als ihnen nach der Mahlzeit Obst serviert wurde statt einer Süßspeise. Ohne ein weiteres Wort erhob er sich, rief sich draußen ein Taxi, ließ sich einige hundert Meter bis zum Ritz fahren und kehrte wenig später zurück. „Ich hatte meine Süßspeise“, verkündete er Walpole.

Der Geschäftsführer einer Zeitung schrieb einmal über Bennett: „Er betrat in einem weiten Anzug mit Karomuster mein Büro, mit einer leuchtend gelben Weste, einer grellen Krawatte mit einem großen Hufeisen als Nadel und einer grauen Melone. Man hätte ihn leicht für einen reichen Buchmacher halten können.“

Doch hinter dem prunkvollen und selbstbewussten Auftreten des großen Schriftstellers verbargen sich viel heimlicher Kummer und zahlreiche Prüfungen. Bennett, der gewöhnlich nicht übertrieb, litt an etwas, was er als „häufige Schlaflosigkeit bis hin zum völligen Zusammenbruch“ bezeichnete, die zu „einem Märtyrertum des Geistes« führe. Er bemühte sich nach Kräften, diese Probleme zu seiner charakterlichen Festigung zu nutzen, und meinte: „Mächtig ist der Geist, der in solchen Krisen nicht die Gewalt über sich verliert." Aber das waren nicht seine einzigen Probleme. Da gab es auch noch die tägliche Dosis an Nervenschmerzen.

Bennett war zu einem nahezu übermenschlichen Arbeitseifer fähig. Vielleicht verdankte er es auch seiner stockenden stimmlichen Kommunikation und seinen Schlafstörungen, dass er, trotz seines nicht allzu langen Lebens, achtzig Werke von unterschiedlicher Länge veröffentlichte, wobei er jeden Tag mindestens zweitausend Wörter schrieb. Sein Tagebuch, das 1932 postum erschien, bestand aus nicht weniger als einer Million Wörtern. Am 5. April 1908 schrieb er hinein: „Nun, da ich all meine Gelegenheitsarbeiten erledigt und nichts weiter zu tun habe, als zehntausend Worte und zwei Artikel pro Woche zu verfassen, fühle ich mich richtig verloren, und sogleich fallen mir mühelos Ideen für einen neuen Roman zu."

In den vorliegenden Essays erteilt Bennett tiefgründige, unmittelbare und klar geschriebene Ratschläge für das Leben – Ratschläge, die heute noch so tiefgründig sind wie damals, als sie zum ersten Mal erschienen. Er habe, sagte er, diese Schriften „über die Handhabung von Alltagserlebnissen für einfache Menschen" geschrieben. *Dein Leben erschaffst du selbst* (1908) war ein beträchtlicher Verkaufserfolg in England und den Vereinigten Staaten. Er berichtete, dass dieses Buch ihm „mehr wertschätzende Briefe einbrachte als all seine anderen Bücher zusammen". Auf einer Lesereise durch die Vereinigten Staaten im Jahre 1911 begegnete der Autor auf Schritt und Tritt bewundernden Lesern dieses ersten Buchs über Zeitmanagement. Auf der gleichen Reise schrieb Bennett an einen Freund, dass er für das seinerzeit fürstliche Honorar von fünfundsiebzig bis hundert Pfund Sterling aus diesem Buch „Dutzende und Aberdutzende von Malen hätte vorlesen können." Bennett wurde sogar berichtet, dass Ärzte das Buch ihren Patienten verschrieben.

Amerikanische Unternehmer waren von diesen beliebten „Westentaschenphilosophien" besonders angetan. Henry Ford erzählte Bennett im Jahr 1930, dass er einmal fünfhundert Exemplare von *Dein Leben erschaffst du selbst* gekauft und an seine Belegschaft verteilt habe, und der Heimtierfutterhersteller William Danforth, der Gründer von Ralston Purina, empfiehlt dieses Buch begeistert in seinem inspirierten Klassiker *I Dare you!*

Typischerweise regte Bennett sich beim Erfolg seiner Bücher sehr darüber auf, dass er das, was er predigte, selbst nicht ganz umzusetzen vermochte. In erster Linie geißelte er „unfähiges Denken", das er als größtes Schandmal der Zivilisation betrachtete. „Unzählige

Menschen können nicht folgerichtig denken, und nur wenige denken länger als einige Minuten am Stück folgerichtig", schrieb er gegen Ende seines Lebens. „Die Mehrheit von uns geht durchs Leben, von der Geburt bis zum Tod, ohne auch nur ein einziges Mal die wichtigste und interessante Geistesgabe des Menschen genutzt zu haben. Es ist schon eigenartig."

Arnold Bennett war sehr stolz auf seine Essays. Aber wie sehr man sie – und ihn – auch feierte, er nahm sich nie zu ernst. Fünf Jahre, bevor er 1931 im Alter von dreiundsechzig Jahren in London an Typhus starb, schrieb er die folgenden Worte: „Mich hat kein eindeutiger oder klar umrissener Ehrgeiz angetrieben. Ich begann Romane zu schreiben, weil meine Freunde meinten, ich verstünde mich darauf. Das Gleiche gilt für meine Theaterstücke. Aber zum Journalismus habe ich mich immer hingezogen gefühlt, und so geht es mir noch heute. Ich frage mich nicht oft, was mich besonders glücklich oder unglücklich macht. Nur bei ganz seltenen Gelegenheiten, wenn ich mich bewusst damit beschäftige, begreife ich, dass mir nichts größere Freude bereitet als die erste Hälfte einer guten Zigarre."

Patricia G. Horan

Vorwort des Autors

Dieses Vorwort, auch wenn es an den Anfang gestellt wurde, wie es sich für ein Vorwort gehört, sollte eigentlich am Schluss des ersten Essays stehen.

Ich habe viele Briefe erhalten, die sich mit diesem kleinen Werk befassen, und viele Kritiken wurden geschrieben – manche davon beinahe so lang wie das Büchlein selbst. Dabei war kaum ein Kommentar ablehnend. Manche haben sich gegen einen gewissen frivolen Tonfall verwahrt; doch meiner Meinung nach ist der Tonfall alles andere als frivol, sodass mich dieser Einwand nicht weiter stört; und wäre mir kein gewichtigerer Vorwurf gemacht worden, hätte ich fast zu der Überzeugung gelangen können, dass dieses Büchlein makellos sei! Allerdings wurde mir eine ernsthaftere Kritik entgegengehalten – nicht von der Presse, sondern von mehreren anscheinend aufrichtigen Briefschreibern –, mit der ich mich befassen muss.

Diese Missbilligung hatte ich erwartet und befürchtet. Der Satz, gegen den sich ein Proteststurm erhob, lautet wie folgt: „In der Mehrheit der Fälle geht er oder sie [der Durchschnittsmensch] seinen oder ihren Geschäften nicht gerade mit Leidenschaft nach; bestenfalls missfallen sie ihm oder ihr, und er oder sie nimmt seine geschäftlichen Aufgaben widerstrebend erst so spät wie möglich auf und beendet sie freudig wieder so früh wie möglich. Und während er oder sie diesen Aufgaben nachgeht, läuft er oder sie selten zur Hochform auf."

Mir wurde im Tonfall unverkennbarer Aufrichtigkeit versichert, dass es viele Geschäftsleute gibt – nicht nur solche in höheren Positionen oder mit den besten Aussichten, sondern auch bescheidene Untergebene ohne Hoffnung darauf, jemals besser dazustehen –, die ihrer Tätigkeit mit Freude nachgehen, die sich nicht davor drücken, die nicht so spät wie möglich im Büro eintreffen und so früh wie möglich wieder gehen, die, mit einem Wort, all ihre Kraft in ihr Tagewerk legen und am Ende rechtschaffen müde sind.

Ich bin bereit, das zu glauben. Ich glaube es. Ich weiß es. Ich habe es immer gewusst.

In London wie auf dem Lande habe ich viele Jahre in untergeordneten Positionen verbracht, und es entging mir nicht, dass ein gewisser Teil meiner Kollegen seinen Aufgaben mit einem gerüttelt Maß an aufrichtiger Hingabe nachkam und in seiner Tätigkeit voll aufging. Doch ich bleibe davon überzeugt, dass diese glücklichen und frohen Einzelnen (die vielleicht glücklicher sind, als sie meinen) nicht die Mehrheit bildeten oder bilden bei weitem nicht die Mehrheit. Ich bleibe davon überzeugt, dass die Mehrheit der einigermaßen gewissenhaften Geschäftsleute (mit Erwartungen und Idealen) in der Regel nicht gerade erschöpft nach Hause geht. Ich bleibe davon überzeugt, dass sie so wenig wie möglich von sich selbst in den Erwerb ihres Lebensunterhalts einbringt und dass ihre Berufung sie eher langweilt als interessiert.

Dennoch gestehe ich ein, dass die Minderheit hinreichend bedeutsam ist, um der Aufmerksamkeit würdig zu sein, und dass ich sie nicht so vollkommen hätte ignorieren sollen, wie es geschah. Einer der Briefeschreiber fasste das ganze Problem der schwer arbeitenden Minderheit lässig in dem Satz zusammen: „Ich bin ebenso sehr daran interessiert, 'mehr aus meinem Leben zu machen' wie jeder andere auch, aber erlauben Sie mir, Ihnen mitzuteilen, dass ich, wenn ich um halb sieben Uhr abends nach Hause komme, bei weitem nicht mehr so frisch bin, wie Sie sich das vielleicht vorstellen."

Ich muss darauf hinweisen, dass die Minderheit, die sich mit Leidenschaft und Begeisterung ihrem Tagewerk hingibt, unendlich weniger beklagenswert ist als die Mehrheit, die ihren geschäftlichen Verrichtungen halbherzig und verzagt nachgeht. Erstere benötigt weniger Rat darin, „wie man sein Leben führt“. Zumindest ist sie während ihres offiziellen Tagewerks, sagen wir, acht Stunden lang wahrhaft lebendig; ihr Motor läuft garantiert auf Hochtouren. Die anderen acht Arbeitsstunden ihres Tages mögen vielleicht schlecht organisiert oder sogar vergeudet sein, aber es ist weniger schlimm, acht Stunden am Tag zu vergeuden als sechzehn Stunden am Tag; es ist besser, ein bisschen gelebt zu haben als gar nicht. Die wahre Tragödie ist die Tragödie des Menschen, der sich weder in seinem Büro noch außerhalb davon sonderlich anstrengt, und an solche Menschen wendet sich dieses Buch in erster Linie.

„Aber“, wird der eine oder andere Glücklichere jetzt sagen, „auch wenn ich sehr viel erreiche, will ich doch mehr erreichen! Ich lebe schon ein bisschen; ich will noch mehr leben. Aber ich kann wirklich nicht zusätzlich zu meinem Tag im Büro ein weiteres Tagewerk verrichten.“

Es ist nun einmal so: Ich, der Verfasser, hätte voraussehen müssen, dass sich gerade jene besonders von mir angezogen fühlen werden, die ein erfülltes Leben führen möchten. Stets verlangt es den, der schon Geschmack am Leben gefunden hat, nach mehr. Und stets ist der, der nie aus dem Bett kommt, am schwersten zu wecken.

Nun, nehmen wir einmal an, dass die Intensität, mit der du, der du der Minderheit angehörst, täglich dein Einkommen bestreitest, dir nicht gestattet, alle Vorschläge auf den folgenden Seiten umzusetzen. Einige der Vorschläge werden ihre Gültigkeit dennoch behalten. Ich gebe zu, dass es dir vielleicht nicht möglich sein wird, die allabendlich mit der Heimreise verbrachte Zeit zu nutzen; aber der Vorschlag für die Anreise zum Büro am nächsten Morgen ist für dich so durchführbar wie für jeden anderen auch. Und der wöchentliche Zeitraum von vierzig Stunden, von Samstag bis Montag, steht dir ebenso zur Verfügung wie jedem anderen, selbst wenn ein gelindes Aufkommen von Müdigkeit dich daran hindern sollte, dieser Aufgabe im vollen Umfang nachzukommen. Bleibt folglich noch der überwiegende Teil der drei oder mehr Abende pro Woche.

Du erzählst mir frei heraus, dass du zu erschöpft bist, um abends noch etwas zu unternehmen, um mehr aus deinem Leben zu machen. Worauf ich dir ebenso frei heraus antworte, dass, wenn dein übliches Tagewerk so erschöpfend ist, dein Leben nicht im Gleichgewicht ist und neu geordnet werden muss. Ein normales Tagewerk sollte die Kräfte einer Person nicht erschöpfen.

Also, was ist zu tun?

Es liegt auf der Hand, dass du deine Begeisterung für dein übliches Tagewerk durch eine List entfachen solltest. Schmeiß deinen Motor an, bevor du deine Arbeiten verrichten musst, und nicht, nachdem du sie verrichtet hast. Kurz, stehe früher auf. Du sagst, das geht nicht? Du sagst, es ist dir unmöglich, abends früher ins Bett zu gehen, und dass das den gesamten Haushalt in Aufruhr versetzen würde? Ich halte es nicht für gänzlich unmöglich, abends früher ins Bett zu gehen. Ich glaube, wenn du früher aufstündest und deshalb zu wenig Schlaf hättest, dass du dann bald eine Möglichkeit finden würdest, früher ins Bett zu gehen. Meinem Eindruck nach würde das frühere Aufstehen nicht zu einem Mangel an Schlaf führen.

Meinem Eindruck nach, der jedes Jahr stärker wird, ist Schlaf teilweise eine Frage von Gewohnheit und Trägheit. Ich bin überzeugt, dass die meisten Menschen nur deshalb so lange schlafen, wie sie schlafen, weil ihnen jede andere Zerstreuung fehlt. Was meinst du wohl, wie viel Schlaf ein einigermaßen gesunder Mensch braucht, der täglich der Straßenbahn hinterherhetzt? Ich habe in dieser Frage einmal einen Arzt konsultiert. Der Arzt unterhielt fünfundzwanzig Jahre lang in einem großen, aufblühenden Vorort von London eine Praxis für Allgemeinmedizin, die von Menschen wie dir und mir besucht wurde. Er ist eine recht barsche Person, und auch seine Antwort war barsch: „Die meisten Leute schlafen sich dumm."

Er fuhr fort, mir zu erklären, dass neun von zehn Menschen gesünder wären und mehr Freude am Leben hätten, wenn sie weniger Zeit im Bett verbrächten.

Andere Ärzte haben dieses Urteil bestätigt, das natürlich nicht für Heranwachsende gilt. Stehe eine Stunde, eineinhalb oder sogar zwei Stunden früher auf, und lege dich, wenn möglich, früher hin. Was die Erledigung deiner regelmäßigen Aufgaben angeht, wirst du morgens in einer Stunde so viel erledigen wie abends in zwei Stunden. „Aber", wirst du jetzt sagen, „ohne etwas zu essen und Bedienstete könnte ich den Tag nicht beginnen." Gewiss, hoher Herr, wird in einer Zeit, in der eine erstklassige Lampe für weniger als einen Schilling zu haben ist, dein höchstes Wohlergehen doch nicht daran hängen, dass ein Mitgeschöpf dir sofort aufwartet!

Gib deinem Mitgeschöpf, wer sie oder er auch sein mag, abends die Anweisung, dass es morgens an einer geeigneten Stelle ein Tablett abstellen möge. Auf diesem Tablett sollen sich einige Kekse befinden, eine Tasse samt Untertasse, eine Lampe, eine kleine Tee- oder

Kaffeekanne mit einem bisschen Tee oder Kaffee. Du wirst nur noch das Stövchen anzuzünden brauchen. Nach drei Minuten kocht das Wasser, und du gießt es über den Tee oder Kaffee. Du kannst den Tag damit beginnen, ihn zu trinken. Dem Toren mögen diese Details banal erscheinen, doch der Aufmerksame wird sie nicht trivial finden. Die Ausgewogenheit eines ganzen Lebens könnte an der Machbarkeit einer warmen, gefüllten Tasse Tee oder Kaffee zu ungewohnter Stunde hängen.

Arnold Bennett

Teil I

Dein Leben erschaffst du selbst

I.
Das tägliche Wunder

Ja, es gibt welche, die einfach nicht wissen, wie sie es anfangen sollen: Gelegenheiten zu nutzen. Ein regelmäßiges Einkommen zu beziehen. Genug für Luxusartikel und zur Stillung der dringendsten Bedürfnisse zu haben. Sie stecken ständig in Schwierigkeiten. Irgendwie machen sie nichts aus ihrem Geld. Erstklassige Apartments und Häuser – halb leer! Neue Anzüge – alte Hüte! Prächtige Krawatten – zerlumpte Hosen! Sie laden einen zum Abendessen ein, und es gibt geschliffene Gläser, aber das Steak ist zäh, und der türkische Kaffee kommt in einer gesprungenen Tasse! Sie haben es einfach nicht drauf. Die einfachste Erklärung lautet immer, dass ihr Einkommen ihnen zwischen den Fingern zerrinnt. „Ich wünschte, ich hätte die Hälfte von dem, was die haben“, raunen wir. „Denen würde ich's zeigen.“

So haben doch schon die meisten von uns irgendwann einmal überheblich Kritik geübt.

Wir sind fast alle Sachwalter unserer finanziellen Umstände: Das ist das Thema der Zeit. In den Zeitungen wimmelt es von Artikeln, wie man mit diesem oder jenem Betrag überlebt, und diese Artikel provozieren Briefe, deren Heftigkeit das Interesse widerspiegelt, das sie hervorrufen. Kürzlich entbrannte in einer Tageszeitung eine wütende Schlacht, ob eine Frau von fünfundachtzig Pfund Sterling im Jahr ihr Dasein fristen kann. Ich habe einen Essay mit dem Titel „Wie man von acht Schilling die Woche leben kann“ gesehen. Aber ich habe noch nie einen Essay gesehen, der davon handelte, „wie man sein Leben selbst erschaffen kann“.

Dabei heißt es doch, Zeit sei Geld. Dieses Sprichwort schmälert den Sachverhalt. Zeit ist erheblich mehr als Geld. Hast du Zeit, kannst du gewöhnlich Geld verdienen. Aber auch wenn du so reich wie eine Garderobenfrau im Canton Hotel bist, kannst du dir keine Minute mehr Zeit kaufen als ich oder die Katze vor dem Kamin.

Philosophien haben das Konzept des Raums erklärt. Sie haben nicht die Zeit erklärt. Sie ist das unerklärliche Rohmaterial von allem. Mit ihr ist alles möglich, ohne sie nichts. Der Vorrat an Zeit ist wirklich ein tägliches Wunder, eine wahrhaft erstaunliche Sache, wenn man genauer hinsieht. Du wachst morgens auf, und – siehe da! – deine Brieftasche ist wie von Zauberhand mit vierundzwanzig Stunden deines Lebens gefüllt, als unbearbeiteter Rohstoff des Universums! Er gehört dir. Er ist dein kostbarstes Gut. Eine höchst einzigartige Ware, mit der du auf einzigartige Weise überhäuft wirst!

Und beachte – niemand kann sie dir wegnehmen. Sie lässt sich nicht stehlen. Und niemand bekommt mehr oder weniger, als du bekommen hast.

Wenn das nicht die perfekte Demokratie ist! Im Reich der Zeit gibt es keine Elite des Wohlstands und keine intellektuelle Oberschicht. Genie wird nie auch nur mit einer zusätzlichen Stunde Zeit belohnt. Und Missbrauch wird nicht bestraft. Vergeude deine unendlich kostbare Ware so viel du willst, und der Nachschub wird nie ausbleiben. Keine rätselhafte Macht wird sagen: „Dies ist ein Narr, wenn nicht sogar ein Gauner, der die Zeit nicht verdient und von der Belieferung ausgeschlossen werden sollte." Sie ist so sicher wie sonst nichts, und dein Einkommen hängt nicht von der Länge deiner Arbeitswoche ab. Mehr noch, du kannst von einem gewaltigen Vorrat an Zeit zehren. Du kannst dich unmöglich verschulden! Du kannst nur den Augenblick vergeuden. Du kannst unmöglich das Morgen vergeuden; es bleibt dir erhalten. Du kannst nicht die nächste Stunde vergeuden; sie bleibt dir erhalten.

Ich sagte doch, die Sache sei ein Wunder. Nicht wahr?

Dessen musst du dir vierundzwanzig Stunden am Tag bewusst sein. Daraus ergeben sich Gesundheit, Freude, Geld, Zufriedenheit, Respekt und die Evolution deiner unsterblichen Seele. Es ist von äußerster Dringlichkeit, und die Gegebenheiten fordern es, dass du den größten Nutzen aus der Zeit ziehst. Alles hängt davon ab. Dein Glück – der schwer zu fassende Preis, nach dem ihr alle greift, meine Freunde – hängt davon ab. Seltsam, dass die Zeitungen, so wagemutig und aktuell sie sind, nicht voll sind von Berichten darüber, „wie man mit einem festen Einkommen an Zeit lebt" statt „wie man sein finanzielles Einkommen sichert"! Geld ist viel gewöhnlicher als Zeit. Denkt man darüber nach, begreift man, dass Geld so ziemlich das Gewöhnlichste ist, was es gibt. Seine unflätigen Haufen belasten die Erde.

Bringt man es nicht fertig, mit einem gewissen finanziellen Einkommen sein Leben zu bestreiten, verdient man eben dazu – oder stiehlt sich Geld oder wirbt darum. Man hat sein Leben nicht unbedingt verpfuscht, weil man es nicht auf tausend Pfund Sterling pro Jahr bringt; man lässt die Muskeln spielen und gleicht das Budget aus. Aber wenn man es nicht fertigbringt, mit seinem Einkommen von vierundzwanzig

Stunden alle Ausgaben zu decken, gerät man unter Garantie in Schwierigkeiten. Der Vorrat an Zeit, wenn auch herrlich regelmäßig, ist dann grausam eingeschränkt.

Wer von uns lebt von vierundzwanzig Stunden am Tag?

Und wenn ich „leben" sage, meine ich nicht existieren und auch nicht „durchwursteln". Wer von uns ist frei von diesem unangenehmen Gefühl, dass die „großen Ausgaben" seines täglichen Lebens nicht so gehandhabt werden, wie es sein sollte? Wer von uns ist sich ganz sicher, dass auf seinem piekfeinen Anzug nicht ein schäbiger Hut thront oder dass er über der Auswahl des Geschirrs die Qualität des Essens vergessen hat? Wer von uns sagt nicht: „Das werde ich ändern, sobald ich etwas Zeit dafür finde"?

Wir haben nie mehr Zeit. Aber wir haben, und das wird immer so sein, alle Zeit der Welt. Die Einsicht in diese grundlegende und vernachlässigte Wahrheit (die übrigens nicht meine Entdeckung ist) hat mich dazu geführt, den täglichen Zeitverbrauch genauer unter die Lupe zu nehmen.

II.
Der Wunsch, mehr aus seinem Leben zu machen

„Aber“, wird jetzt vielleicht jemand bemerken und dabei auf vornehme englische Art alles beiseite schieben, was vom Wesentlichen ablenkt. „Worauf will er mit seinen vierundzwanzig Stunden am Tag eigentlich hinaus? Ich habe kein Problem damit, vierundzwanzig Stunden am Tag zu leben. Ich mache alles, was ich will, und finde immer noch Zeit, ein Kreuzworträtsel zu lösen. Es ist doch eine Binsenweisheit, dass der Tag nur vierundzwanzig Stunden hat. Damit muss man sich eben zufrieden geben!“

Darf ich mich bei dir, mein Freund, schon im voraus vielmals entschuldigen? Du bist genau die Person, der ich seit über vierzig Jahren begegnen will. Würdest du mir wohl freundlicherweise deinen Namen und deine Anschrift zukommen lassen, mit einem kleinen Vermerk, was es mich kosten würde, wenn du mir sagst, wie du das machst? Statt dass ich dir etwas erzähle, solltest du mir etwas erzählen. Bitte tritt vor. Ich bin überzeugt, dass es dich gibt, und es ist ein Verlust für mich, dass ich dir noch nicht begegnet bin. Inzwischen werde ich, bis du auftauchst, weiter mit meinen Freunden in der Not reden, diesen zahllosen Seelen, die mehr oder weniger schmerzlich von dem Gefühl heimgesucht werden, dass die Jahre verstreichen, verstreichen und verstreichen, ohne dass es ihnen gelingt, ihr Leben in einen wirklich lebenswerten Zustand zu bringen.

Analysieren wir dieses Gefühl, so werden wir feststellen, dass es vorwiegend eine Mischung aus Unbehagen, Erwartung, Vorausschau und Hoffnung darstellt. Es ist eine Quelle ständigen Unwohlseins, denn es benimmt sich wie ein Skelett beim Verschlingen unserer sämtlichen Freuden. Wir gehen ins Theater und lachen, aber zwischen den Akten deutet es mit einem knochigen Finger auf uns. Wir beeilen uns, den letzten Zug nicht zu verpassen, und während wir noch auf dem Bahnsteig warten und nach Luft ringen, stolziert es auf seinen knochigen Beinen neben uns auf und ab und will wissen: „Heh, was hast du mit deiner Jugend angefangen? Was hast du im Alter vor?“

Du wirst vielleicht einwenden, dass dieses Gefühl der ständigen Vorausschau und Erwartung zum Leben gehört und untrennbar damit verbunden ist. Stimmt!

Aber es gibt Abstufungen. Vielleicht hat jemand den Wunsch, Mekka zu besuchen. Er oder sie bricht also auf, entweder mit Hilfe eines Reisebüros oder auf eigene Faust. Vielleicht erreicht der Reisende Mekka nie; vielleicht ertrinkt er, bevor er in Port Said einläuft, stirbt unrühmlich vor der Küste des Roten Meers; und das Verlangen, Mekka zu sehen, wird für immer unerfüllt bleiben. Unerfüllte Erwartungen sind immer ein Ärgernis, aber den Reisenden werden sie nicht auf die gleiche Weise quälen wie den, der unbedingt Mekka besuchen will und von diesem Gedanken wie besessen ist, aber nie aus London herauskommt.

Es ist schon etwas, einmal aus London herausgekommen zu sein. Die meisten von uns sind noch nie aus London herausgekommen. Wir haben nicht einmal ein Taxi zum Ludgate Circus genommen und uns bei Cook's nach dem Preis für eine Stadtführung erkundigt. Und als Entschuldigung geben wir an, dass der Tag nur vierundzwanzig Stunden hat.

Analysieren wir unsere vage, unbehagliche Sehnsucht weiter, werden wir feststellen, dass sie der fixen Idee entspringt, etwas unternehmen zu wollen, was über das hinausgeht, wozu wir uns moralisch und aus Loyalität verpflichtet fühlen. Durch verschiedene niedergelegte und ungeschriebene Gesetze fühlen wir uns verpflichtet, uns und unsere Familie (wenn wir denn eine haben) gesund zu erhalten und ihr und uns den erwarteten Komfort zu sichern, unsere Schulden zu bezahlen, zu sparen und durch die Erhöhung unserer Effektivität unseren Wohlstand zu mehren. Eine hinreichend schwierige Aufgabe! Eine Aufgabe, die nur sehr wenige von uns zu erfüllen im Stande sind! Eine Aufgabe, die unsere Fähigkeiten oft übersteigt! Dennoch sind wir auch dann, wenn es uns gelingt sie zu erfüllen, nicht zufrieden; das Skelett steht immer noch neben uns.

Und selbst wenn uns bewusst wird, dass diese Aufgabe unsere Fähigkeiten übersteigt, dass unsere Kräfte dazu nicht ausreichen, wären wir unserem Eindruck nach weniger unzufrieden, wenn wir unseren ohnedies überstrapazierten Kräften noch etwas zu tun geben könnten.

So ist es wirklich. Der Wunsch, etwas außerhalb des offiziellen Tagesablaufs zu erreichen, ist allen Menschen gemeinsam, die im Laufe der Evolution ein gewisses Niveau überschritten haben.

Solange keine Anstrengung unternommen wird, diesen Wunsch zu befriedigen, wird das Gefühl unbehaglichen Wartens darauf, endlich mit etwas anzufangen, was noch nicht angefangen wurde, weiter den Seelenfrieden stören. Es handelt sich um einen Wunsch, den man unter vielen Namen kennt. Er ist eine Art universeller Sehnsucht nach Wissen. Und er ist so stark, dass er Menschen, die ihr Leben dem systematischen Erwerb von Wissen verschrieben haben, dazu bringt, im Streben nach noch mehr Wissen die Grenzen ihrer Leistungskraft zu überschreiten. Selbst Herbert Spencer, Naturphilosoph und Politiker, meiner Meinung nach der größte Denker aller Zeiten, fand sich immer wieder veranlasst, in entsprechende kleine Seitenarme der Forschung abzubiegen. Ich nehme an, dass bei der Mehrzahl der Menschen, die sich des Wunsches bewusst sind, mehr als das ihnen Abverlangte leisten zu wollen – das heißt bei Menschen, die intellektuelle Neugier aufweisen –, diese Sehnsucht eine literarische Form annimmt. Sie begeben sich auf eine literarische Reise. Besonders die Engländer interessieren sich zunehmend für Literatur. Aber ich möchte nicht unerwähnt lassen, dass Literatur keinesfalls das gesamte Feld des Wissens einschließt und das beunruhigende Verlangen, sich zu verbessern – sein Wissen zu mehren –, sich ziemlich gut auch außerhalb der Literatur stillen lässt. Mit den verschiedenen Methoden, wie man dieses Verlangen stillen kann, will ich mich später befassen. Hier möchte ich lediglich jene, die keine natürliche Vorliebe für Literatur aufbringen, darauf hinweisen, dass Literatur nicht die einzige Quelle ist.

III.
Vorsichtsmaßnahmen für den Anfang

Vielleicht habe ich dich dazu bringen können, dir einzugestehen, dass du ständig von einer unterschwelligen Unzufriedenheit mit deinem täglichen Leben erfüllt bist; und dass die Hauptursache dieser störenden Unzufriedenheit in dem Gefühl liegt, dass du Tag für Tag etwas unerledigt lässt, was du gern erledigen würdest, und wovon du in der Tat unablässig hoffst, es erledigen zu können, sobald du erst „mehr Zeit" hast. Nun, da ich dich auf die grelle, irritierende Wahrheit hingewiesen habe, dass du niemals „mehr Zeit" haben wirst, weil du ohnehin schon alle Zeit der Welt hast, erwartest du von mir, dass ich dich in ein wundervolles Geheimnis einweihe, das es dir ermöglicht, dich dem Ideal der perfekten Einteilung des Tages wenigstens anzunähern damit du endlich von dieser quälenden, unerfreulichen täglichen Enttäuschung darüber, etwas unerledigt gelassen zu haben, befreit bist!

Ein solches wundervolles Geheimnis habe ich nicht finden können. Ich erwarte auch nicht, es zu finden, so wenig, wie ich erwarte, dass ein anderer es findet. Es lässt sich nicht entdecken. Als du dich auf meine Argumentation eingelassen hast, regte sich vielleicht so etwas wie Hoffnung in deiner Brust. Vielleicht hast du dir gesagt: „Dieser Mann wird mir einen leichten, mühelosen Weg zeigen, endlich das zu tun, was ich mir schon so lange zu tun vorgenommen habe." Doch leider – nein! Es gibt keinen solchen einfachen Weg, keinen Königsweg. Der Weg nach Mekka ist extrem hart und steinig, und am Schlimmsten ist, dass man eigentlich nie ganz ankommt.

Die wichtigste vorbereitende Maßnahme für die Aufgabe, sein Leben so einzurichten, dass man vierundzwanzig Stunden am Tag erfüllt und sorgenfrei leben kann, besteht darin, sich in aller Ruhe der extremen Schwierigkeit dieser Aufgabe bewusst zu werden, der Opfer und unendlichen Anstrengungen, die es einem abverlangt. Darauf kann ich gar nicht deutlich genug bestehen.

Solltest du die Vorstellung haben, dein Ideal erreichen zu können, indem du dir durch raffiniertes Planen mit Stift und Zettel einen Stundenplan erstellst, gib diese Hoffnung besser gleich wieder auf. Wenn du nicht auf Entmutigungen und Enttäuschungen gefasst bist, wenn du nicht bereit bist, dich trotz großer Anstrengungen mit einem dürftigen Ergebnis zufriedenzugeben, fange gar nicht erst an. Leg dich wieder hin und setze den Schlaf des Unbehagens fort, den du deine Existenz nennst.

Das ist traurig, nicht wahr, deprimierend und ernüchternd? Und doch halte ich sie auch für großartig, diese Notwendigkeit, seinen Willen zu stählen, bevor etwas getan werden kann, was dieses Tun auch wert ist. Mir persönlich gefällt das. Meinem Eindruck nach unterscheidet mich genau das am meisten von der Katze vor dem Kamin.

„Nun", wirst du jetzt vielleicht sagen, „einmal angenommen, ich bin für den Kampf gerüstet. Einmal angenommen, ich hätte Ihre gewichtigen Anmerkungen abgewogen und begriffen; wie fange ich dann an?" Mein lieber Freund, du fängst eben einfach an. Es gibt keine magische Formel für den Anfang. Wenn jemand, der am Rand eines Swimmingpools steht und ins kalte Wasser springen will, dich fragt: „Wie fange ich das an, zu springen?", antwortest du doch auch nur: „Spring einfach. Nimm all deinen Mut zusammen und spring."

Wie ich eingangs schon sagte, ist das Schönste an dem endlosen Vorrat an Zeit, dass man ihn nicht vergeuden kann. Das nächste Jahr, der nächste Tag, die nächste Stunde liegen vor einem, so vollkommen, so unverdorben, als hätte man in seiner gesamten Laufbahn nie auch nur einen einzigen Augenblick vergeudet oder falsch genutzt. Das erfüllt einen mit Dankbarkeit und beruhigt. Wenn dir danach ist, kannst du jede Stunde einen Neuanfang wagen. Du hast nichts davon, wenn du bis zur nächsten Woche wartest oder auch nur bis morgen. Vielleicht bildest du dir ein, dass das Wasser nächste Woche wärmer sein wird. Das stimmt jedoch nicht. Es wird kälter sein.

Aber bevor du anfängst, möchte ich dir noch einige warnende Worte ins Ohr flüstern. Vor allem möchte ich dich vor deinem eigenen Eifer warnen. Der Eifer, etwas gut machen zu wollen, ist verführerisch und heimtückisch. Er schreit laut nach Einsatz. Erst kannst du ihn nicht zufriedenstellen; er will mehr und mehr; er will Berge versetzen und den Lauf von Flüssen verändern. Er treibt dich an, bis der Schweiß fließt. Und dann, wenn du den Schweiß auf deiner Stirn spürst, lässt er oft jäh nach und erlischt, ohne sich auch nur die Mühe gemacht zu haben zu sagen: „Mir reicht's, ich habe genug."

Nimm dir am Anfang nicht zu viel vor. Gib dich mit wenig zufrieden. Lass Missgeschicke zu. Gestatte, dass Menschen auch Fehler machen, besonders du selbst.

Ein Scheitern wäre an sich nicht weiter schlimm, wenn es nicht mit dem Verlust von Selbstwertgefühl und Selbstvertrauen einherginge. Aber es ist eben nichts erfolgreicher als der Erfolg, und nichts scheitert so sehr wie das Scheitern. Die meisten Menschen haben bankrott gemacht, weil sie sich zu viel vorgenommen haben. Wenn wir uns also an dieses großartige Unternehmen machen, innerhalb der engen Grenzen von vierundzwanzig Stunden pro Tag ein erfülltes und sorgenfreies Leben zu führen, sollten wir um jeden Preis das Risiko eines frühen Scheiterns vermeiden. Ich bin nicht der Meinung, dass ein großartiges Scheitern besser ist als ein kleiner Erfolg – jedenfalls nicht in diesem Geschäft. Der kleine Erfolg ist mir viel lieber. Ein großartiges Scheitern führt zu nichts; ein kleiner Erfolg könnte noch zu einem Erfolg führen, der alles andere als klein ist.

Fangen wir nun also an, indem wir uns das Zeitbudget des Tages genauer ansehen. Du sagst, dein Tag sei schon bis zum Bersten gefüllt. Wie ist das möglich? Verwendest du wirklich so viel Zeit darauf, deinen Lebensunterhalt zu verdienen? Durchschnittlich sieben Stunden? Und noch einmal sieben Stunden Schlaf? Ich will großzügig sein und weitere zwei Stunden hinzugeben. Und ich weiß genau, dass du mir nicht aus dem Stehgreif heraus sagen kannst, was du in den restlichen acht Stunden machst.

IV.
Die Ursache des Problems

Will ich mich wirklich in aller Ausführlichkeit mit der Frage der Zeitverschwendung beschäftigen, muss ich mir einen einzelnen Fall heraussuchen. Ich kann mich nur auf einen Fall beziehen, und dieser Fall kann kein typischer Fall sein, weil es so etwas wie einen typischen Fall nicht gibt, so wenig, wie es eine typische Person gibt. Jede Frau und jeder Mann ist ein ganz besonderer Fall.

Aber wenn ich den Fall eines Londoners nehme, der in einem Büro arbeitet, dessen Arbeitszeit von zehn bis achtzehn Uhr dauert und der von der Haustür bis zur Bürotür und umgekehrt morgens und abends jeweils fünfzig Minuten benötigt, bin ich dem Durchschnitt sicher so nahe, wie die Fakten es erlauben. Es gibt welche, die für ihren Lebensunterhalt länger arbeiten müssen, aber auch welche, die nicht so lange arbeiten müssen.

Glücklicherweise interessiert uns die finanzielle Seite der Existenz in diesem Fall nicht; für unseren gegenwärtigen Zweck ist der Angestellte, der ein Pfund Sterling die Woche verdient, genauso gut geeignet wie der Millionär.

Der größte und grundlegende Fehler, den mein typischer Angestellter hinsichtlich seines Arbeitstages macht, ist ein Fehler seiner allgemeinen Einstellung, ein Fehler, der zwei Drittel seiner verfügbaren Energien und Interessen bindet und schwächt. In der Mehrheit der Fälle geht er seinen Geschäften nicht gerade mit Leidenschaft nach; bestenfalls missfallen sie ihm, und er nimmt seine geschäftlichen Aufgaben widerstrebend erst so spät wie möglich auf und beendet sie freudig wieder so früh wie möglich. Und während er diesen Aufgaben nachgeht, läuft er selten zur Hochform auf. (Zornige Leser werden mir jetzt vorwerfen, ich würde die Büroangestellten verraten, aber ich kenne mich mit Büros ziemlich gut aus und bleibe bei meiner Aussage.)

Aber trotz alledem besteht mein typisches Beispiel darauf, diese Stunden von zehn bis achtzehn Uhr als „den Tag“ zu betrachten, zu dem die zehn Stunden davor und die sechs Stunden danach nichts weiter sind als ein Prolog und ein Epilog. Eine solche Einstellung, so unbewusst sie auch sein mag, tötet natürlich jedes Interesse an den restlichen sechzehn Stunden ab, mit dem Ergebnis, dass sie vielleicht nicht vergeudet, aber bestimmt auch nicht gezählt, sondern schlicht als Zwischenraum angesehen werden.

Diese allgemeine Einstellung ist äußerst unlogisch und ungesund, da sie eine Zeitspanne und ein Bündel von Aktivitäten in den Vordergrund rückt, die der Betreffende so schnell wie möglich „hinter sich bringen" und „erledigt wissen" möchte. Ordnet man zwei Drittel seiner Existenz einem Drittel unter, für das man zugegebenermaßen keine wahre Begeisterung empfindet, wie kann man dann hoffen, erfüllt und vollendet zu leben? Man kann es nicht.

Will mein typischer Angestellter erfüllt und vollendet leben, so muss sie sich geistig einen Tag innerhalb des Tages erschaffen. Und dieser innere Tag, eine russische Puppe in einer russischen Puppe, muss um sechs Uhr früh beginnen und um zehn Uhr abends enden. Das ist ein Tag von sechzehn Stunden Länge; und während dieser ganzen sechzehn Stunden gilt es nichts weiter zu tun, als Körper und Seele zu kultivieren und sich anderen Menschen zu widmen.

Während dieser sechzehn Stunden ist man frei; kein Lohnempfänger, nicht mit monetären Sorgen befrachtet; als hätte man ein Privateinkommen. Diese innere Einstellung muss man haben. Die innere Einstellung ist das Wichtigste. Von ihr hängt der Erfolg im Leben ab (und der ist erheblich wichtiger als die Größe des Grundstücks, auf das der Eigentümer Steuern zu entrichten hat).

Wie bitte? Du sagst, wenn du diesen sechzehn Stunden deine volle Aufmerksamkeit widmen würdest, dass dann der Wert der acht Geschäftstunden sänke? Keineswegs. Im Gegenteil, es würde den Wert der acht Geschäftsstunden gewiss steigern. Eine der grundlegenden Wahrheiten, die mein typisches Beispiel begreifen muss, ist, dass der Geist zu ständiger schwerer Arbeit fähig ist; er ermüdet nicht wie ein Arm oder ein Bein. Er strebt immerzu nach Veränderung und nicht nach Ruhe, außer im Schlaf.

Betrachten wir nun die gegenwärtige Methode meines typischen Falls, sich in diesen sechzehn Stunden zu beschäftigen, angefangen beim Aufstehen. Ich werde nur auf Dinge, die getan werden, hinweisen, wenn ich der Meinung bin, sie sollten nicht getan werden, und meine Vorschläge einstweilen für mich behalten, wie man die Zeiten, die ich freigeschlagen habe – wie ein Siedler im Wald eine Lichtung freischlägt –, „nutzbringend einsetzen" könnte.

Aus Fairness gegenüber meinem typischen Angestellten muss ich zugeben, dass er sehr wenig Zeit verschwendet, bevor er morgens um zehn nach neun das

Haus verlässt. In zu vielen Häusern steht man um neun Uhr auf, frühstückt von sieben bis neuneinhalb Minuten nach neun und stürmt dann aus dem Haus. Aber sobald die Tür hinter einem ins Schloss fällt, verfallen die Geisteskräfte, die doch unerschöpflich sind, der Trägheit. Der Weg zur U-Bahn wird in einem Zustand geistiger Umnachtung zurückgelegt.

Dort eingetroffen, muss man gewöhnlich auf den Zug warten. In hunderten von U-Bahn-Stationen sieht man jeden Morgen Pendler müßig den Bahnsteig auf und ab flanieren, während die Verkehrsbetriebe ihnen schamlos Zeit rauben, die kostbarer ist als Geld. Hunderttausende von Stunden gehen auf diese Weise jeden Tag verloren, weil mein typisches Beispiel so wenig von Zeit hält, dass ihm nie in den Sinn kam, gewisse Vorsichtsmaßnahmen gegen das Risiko eines solchen Verlusts zu treffen.

Jeden Tag muss man eine kostbare Zeitmünze begleichen – sagen wir, eine alte 20-Schilling-Münze aus Gold, einen Sovereign. Dafür erhält man Wechselgeld, und wenn man das Wechselgeld entgegennimmt, muss man darauf gefasst sein, einen schweren Verlust davonzutragen.

Einmal angenommen, die Verkehrsbetriebe sagen beim Verkauf einer Karte: „Wir können Ihnen den

Sovereign wechseln, aber das kostet Sie eineinhalb Pennies." Wie würde mein typisches Beispiel dann aufschreien. Dabei entspricht das dem, was die Verkehrsbetriebe machen, wenn sie dem Pendler zweimal am Tag fünf Minuten rauben.

Du sagst, ich befasse mich mit Details. Das tue ich. Und später werde ich dir auch den Grund nennen.

Wenn du jetzt freundlicherweise deine Zeitung kaufen und in den Zug steigen würdest?

V.
Tennis und die unsterbliche Seele

Du steigst mit deiner Zeitung in den Morgenzug und gibst dich ruhig und majestätisch dem gedruckten Wort hin. Du hast es nicht eilig. Du weißt, dass du wenigstens eine halbe Stunde Geborgenheit vor dir hast. Während dein Blick träge auf den Werbeanzeigen des Innenteils verweilt, umgibt dich das Flair der begüterten Klasse mit einer Fülle an Zeit, das Flair von jemandem, auf dessen Planeten der Tag einhundertvierundzwanzig statt vierundzwanzig Stunden hat.

Ich lese leidenschaftlich gern Zeitung. Ich habe fünf englische und zwei französische Tageszeitungen abonniert, und der Zeitschriftenhändler allein weiß, wie viele Wochenzeitungen ich regelmäßig kaufe. Ich fühle mich verpflichtet, diesen persönlichen Umstand zu erwähnen, da man mich bezichtigen könnte, Vorurteile gegen Zeitungen zu hegen, wenn ich sage, dass ich es ablehne, im Morgenzug Zeitung zu lesen. Zeitungen werden schnell produziert, um schnell verkostet zu werden. In meinem Tagesablauf ist kein Platz für Zeitungen. Ich lese sie beiläufig, wenn der Zufall es will. Aber ich lese sie. Die Vorstellung, ihnen dreißig oder vierzig Minuten wundervoller Einsamkeit am Stück zu widmen (denn nirgends kann man sich so gut in sich selbst versenken wie in einem Abteil voll schweigender, zurückgezogener, rauchender Männer), finde ich einfach widerlich. Ich darf dir unmöglich erlauben, mit solcher Großzügigkeit die kostbaren Perlen der Zeit zu verschleudern. Du bist doch kein Schah der Zeit.

Darf ich dich respektvoll daran erinnern, dass du auch nicht mehr Zeit hast als ich? Kein Zeitunglesen in Zügen! So haben wir schon etwa eine Dreiviertelstunde für den freien Gebrauch „herbeigeführt".

Nun erreichst du dein Büro. Und ich lasse dich dort bis achtzehn Uhr. Ich bin mir bewusst, dass du normalerweise mitten am Tag eine Stunde (in Wahrheit sind es oft eineinhalb Stunden) hast, von der du weniger als die Hälfte der Zeit für das Essen aufwendest. Ich lasse dir diese Stunde vollständig zu deiner freien Verfügung. Vielleicht möchtest du in dieser Zeit deine Zeitungen lesen.

Ich treffe dich wieder, sobald du dein Büro verlässt. Du bist blass und erschöpft. Jedenfalls behauptet deine Frau, dass du blass seist, und du hast den Eindruck, erschöpft zu sein. Auf der Heimfahrt arbeitest du noch ein wenig an diesem Gefühl von Erschöpfung. Das Gefühl von Erschöpfung hängt schwer über den mächtigen Vorstädten Londons wie eine rechtschaffene und melancholische Wolke, besonders im Winter. Bei deiner Ankunft zu Hause isst du nicht gleich. Aber nach etwa einer Stunde hast du das Gefühl, du könntest dich jetzt in die Aufrechte begeben und etwas Nahrung zu dir nehmen. Und das tust du dann auch. Anschließend rauchst du hingebungsvoll; du trifft dich mit Freunden; töpferst, spielst Karten, liebäugelst mit einem Buch; dir fällt auf, dass sich das Alter meldet; du unternimmst einen Spaziergang, streichelst das Piano ... Beim Zeus, schon viertel nach elf! Zeit, ans Schlafengehen zu denken!

Dann verbringst du ganze vierzig Minuten damit, ans Schlafengehen zu denken; und es ist durchaus denkbar, dass dir ein wirklich guter Wein oder Whisky dabei Gesellschaft leistet. Schließlich gehst du zu Bett, erschöpft vom Tagewerk. Sechs Stunden, wahrscheinlich mehr, sind vergangen, seit du dein Büro verlassen hast – sind verstrichen wie ein Traum, wie von Zauberhand unerklärlicherweise verpufft!

Das ist noch ein recht einfacher Fall. Aber du wirst sagen: „Du hast gut reden. Wenn man doch nun einmal erschöpft ist. Und man muss sich mit alten Freunden treffen. Man kann sich nicht immer rar machen.“ Stimmt. Aber wenn du dich zu einem Theaterbesuch verabredest (besonders in Gesellschaft präsentabler Begleiter), was geschieht dann? Du eilst in die Vorstädte, du scheust keine Mühen, dich prächtig auszustaffieren, du eilst in einem anderen Zug wieder in die Stadt zurück. So bringst du vier, wenn nicht fünf Stunden zu; du bringst deine Begleitung nach Hause oder wirst nach Hause gebracht.

Du verbringst nicht eine Dreiviertelstunde damit, ans Schlafengehen „zu denken“. Du gehst einfach schlafen. Freunde und Erschöpfung sind gleichermaßen vergessen, und der Abend schien so köstlich lang (oder vielleicht auch viel zu kurz) gewesen zu sein! Und weißt du noch, damals, als man dich überredete, in einem Amateurchor zu singen? Da hast du dich drei Monate lang jeden zweiten Abend schwer ins Zeug gelegt. Kannst du leugnen, dass, wenn es etwas gibt, worauf du dich am Abend so richtig freust, etwas, was deine gesamte Energie in Anspruch nimmt, der Gedanke an dieses Etwas dem ganzen Tag ein Strahlen und eine intensivere Lebendigkeit verleiht?

Ich schlage vor, dass du um sechs Uhr abends den Tatsachen ins Auge siehst und dir eingestehst, dass du nicht erschöpft bist (du bist es nämlich auch nicht, weißt du), und dass du dir den Abend so einrichtest, dass nicht mittendrin eine Mahlzeit liegt. Dadurch bleibt dir eine gewaltige Zeitspanne von mindestens drei Stunden. Ich schlage nicht vor, dass du drei Stunden an jedem Abend deines Lebens damit verbringen solltest, deine geistigen Kräfte aufzuzehren. Ich schlage jedoch vor, dass du für den Anfang an jedem Abend eineinhalb Stunden der wichtigen und beständigen Ausbildung des Geistes widmen solltest. Dann bleiben dir immer noch drei Abende für Freunde, Bridge, Tennis, Häuslichkeit, Gelegenheitslektüre, Garten- und Töpferarbeiten sowie Kreuzworträtsel übrig.

Du wirst immer noch den phantastischen Reichtum von vierundvierzig Stunden zwischen Samstag zwei Uhr nachmittags und Montag zehn Uhr früh dein eigen nennen. Hältst du daran fest, wirst du bald, um dich richtig lebendig zu fühlen, an vier und vielleicht sogar fünf Abenden einer ständigen Tätigkeit nachgehen wollen. Und du wirst die schlechte Gewohnheit ablegen, um viertel nach elf zu raunen: „Zeit, ans Schlafengehen zu denken." Nur wer sich langweilt, beginnt schon vierzig Minuten, bevor er die Schlafzimmertür öffnet, schlafen zu gehen; im Grunde bedeutet das nämlich, dass man gar nicht richtig lebt.

Aber vergiss nicht, am Anfang müssen diese neunzig Minuten an drei Abenden die Woche die wichtigsten Minuten deiner zehntausendundachtzig sein. Sie müssen dir heilig sein, so heilig wie eine Theaterprobe oder ein Tennismatch. Statt zu sagen: „Tut mir Leid, dass ich mich nicht mit dir treffen kann, altes Haus, ich muss schleunigst in den Tennisklub“, musst du jetzt sagen, „... ich muss arbeiten.“ Zugegeben, das bringt man nicht leicht über die Lippen. Tennis ist ja so viel wichtiger als die unsterbliche Seele.

VI.
Bedenke die menschliche Natur

Ich habe beiläufig die gewaltige Zeitspanne von vierundvierzig Stunden erwähnt, die dir zwischen dem Verlassen des Geschäfts am Samstag um zwei Uhr nachmittags und deiner Rückkehr ins Geschäft am Montag um zehn Uhr früh bleibt. Und hier muss ich das heikle Thema berühren, ob die Woche aus sechs oder aus sieben Tagen bestehen sollte. Viele Jahre lang – tatsächlich, bis ich mich den Vierzigern näherte – bestand meine Woche aus sieben Tagen. Ältere und weisere Menschen erklärten mir andauernd, dass man aus sechs Tagen mehr Arbeit und ein besseres Leben herausholen könnte als aus sieben.

Und es ist sicher wahr, dass ich jetzt, da ich an einem von sieben Tagen keinem Arbeitsplan und keiner Tätigkeit nachgehe, die nicht aus der Laune des Augenblicks geboren ist, den moralischen Wert einer wöchentlichen Ruhepause sehr zu schätzen weiß. Wenn ich mein Leben noch einmal zu führen hätte, würde ich es gleichwohl wieder so tun. Einzig jene, die über einen langen

Zeitraum hinweg sieben Tage die Woche tätig gewesen sind, wissen die wahre Schönheit der regelmäßig wiederkehrenden Muße zu schätzen. Außerdem werde ich langsam alt. Und es ist eine Frage des Alters. In Fällen reichlich vorhandener Jugendlichkeit und von außergewöhnlich viel Energie würde ich ohne zu zögern sagen: Mach einfach weiter, tagein, tagaus.

Aber in den weitaus meisten Fällen sollte mein Rat lauten: Beschränke deinen offiziellen Arbeitsplan (deinen ehrgeizigen Leistungsplan, meine ich) auf sechs Tage die Woche. Solltest du den Wunsch haben, länger zu arbeiten, dann arbeite länger, aber nur, wenn es wirklich dein Wunsch ist; und betrachte die so gewonnene Zeit als Glücksfall, nicht als regelmäßiges Einkommen, sonst kannst du nicht zu deinem Sechs-Tage-Plan zurückkehren, ohne dich deshalb ärmer oder benachteiligt zu fühlen.

Schauen wir uns einmal an, wo wir stehen; bisher haben wir aus der vergeudeten Zeit des Tages an sechs Morgenden die Woche mindestens eine halbe Stunde und an drei Abenden die Woche eineinhalb Stunden gewonnen. Macht insgesamt siebeneinhalb Stunden die Woche. Ich schlage vor, du gibst dich mit diesen siebeneinhalb Stunden vorerst zufrieden. „Was?“, wirst du aufschreien. „Sie behaupten uns zeigen zu wollen, wie man lebt, und dann begnügen Sie sich mit siebeneinhalb Stunden von einhundertachtundsechzig! Wollen Sie mit diesen siebeneinhalb Stunden ein Wunder vollbringen?“

Also, um ganz ehrlich zu sein, das will ich – wenn du es mir freundlicherweise erlaubst! Das heißt, ich werde dich bitten, eine Erfahrung zuzulassen, die zwar vollkommen natürlich und erklärbar ist, aber das Flair eines Wunders hat. Ich behaupte, dass diese siebeneinhalb Stunden das gesamte Leben der Woche beschleunigen, ihm mehr Würze verleihen und das Interesse, das du selbst der banalsten Beschäftigung entgegenbringst, steigern werden.

Du gibst dich morgens und abends nur für zehn Minuten körperlichen Übungen hin und bist nicht erstaunt, wenn deine Gesundheit und Kraft jede Stunde des Tages davon profitiert und sich dein gesamtes physisches Erscheinungsbild ändert. Weshalb sollte es dich dann, wenn du durchschnittlich mehr als eine Stunde täglich deinem Geist widmest, erstaunen, dass deine gesamte geistige Aktivität dauerhaft und vollständig belebt wird?

Der Kultivierung deines Selbst solltest du gewiss mehr Zeit widmen. Und je mehr Zeit das ist, desto besser fallen die Ergebnisse aus. Aber ich schlage vor, mit etwas zu beginnen, was scheinbar leicht fällt. Obwohl es so leicht nun auch wieder nicht ist, wie jeder feststellen wird, der einen Versuch wagt. Es verlangt durchaus eine gewisse Anstrengung, sich auch nur siebeneinhalb Stunden von dem Dschungel zu „befreien". Es müssen schon Opfer gebracht werden. Man hat seine Zeit vielleicht schlecht genutzt, aber man hat sie genutzt; man hat etwas damit angefangen, wie schlecht beraten man auch gewesen sein mag. Etwas anders zu machen bedeutet, seine Gewohnheiten zu ändern.

Und Gewohnheiten sind weiß Gott schwer zu ändern!

Außerdem ist jede Veränderung, auch eine Veränderung zum Guten, mit Rückschlägen und Unannehmlichkeiten verbunden. Wenn du die Vorstellung hast, siebeneinhalb Stunden die Woche einer ernsthaften, anhaltenden Beschäftigung zu widmen und gleichzeitig dein altes Leben weiterführen zu können, dann täuscht du dich. Ich wiederhole, es müssen Opfer gebracht werden, und es ist ein gehöriges Maß an Willenskraft erforderlich. Und weil ich um die Schwierigkeiten weiß, weil ich die nahezu katastrophale Wirkung des Scheiterns bei einem solchen Unternehmen kenne, rate ich ernsthaft zu einem sehr bescheidenen Anfang. Du darfst deine Selbstachtung nicht verlieren. Selbstachtung ist die Wurzel aller Entschlossenheit, und das Scheitern eines willentlich geplanten Unternehmens kann der Selbstachtung eine verheerende Wunde zufügen.

Deshalb kann ich gar nicht oft genug wiederholen: Beginne ruhig und unauffällig. Hast du drei Monate lang gewissenhaft siebeneinhalb Stunden in der Woche der Kultivierung deiner Lebenskraft gewidmet – dann kannst du vielleicht zu jubilieren anfangen und dir sagen, was für wundervolle Dinge du zu leisten vermagst.

Bevor wir zu der Methode kommen, wie die gewonnenen Stunden genutzt werden sollten, möchte ich noch einen letzten Vorschlag machen. Was die Abende angeht, so planst du besser mehr als eineinhalb Stunden für deine Tätigkeit von eineinhalb Stunden ein. Denke an die Möglichkeit von Missgeschicken. Bedenke die menschliche Natur. Und lass dir für deine Aufgabe von neunzig Minuten ruhig von neun bis halb zwölf Uhr abends Zeit.

VII.
Seine Gedanken kontrollieren

Die Leute sagen: „Für deine Gedanken kannst du nichts." Aber das stimmt nicht. Es ist durchaus möglich, seine Denkprozesse unter Kontrolle zu haben. Und da uns nichts außerhalb unseres Gehirns widerfährt; da uns einzig innerhalb unseres Gehirns Schmerz zugefügt oder Freude bereitet wird, steht außer Frage, wie ungemein wichtig es ist, unter Kontrolle zu haben, was sich in diesem rätselhaften Gehirn abspielt.

Diese Vorstellung ist einer der ältesten Gemeinplätze, aber es ist ein Gemeinplatz, dessen grundlegende Wahrheit und Dringlichkeit die meisten Menschen ihr Leben lang nicht begreifen. Die Menschen beklagen sich darüber, sich nicht konzentrieren zu können, ohne zu erkennen, dass sie sich diese Fähigkeit aneignen könnten, wenn sie sich nur dafür entschieden. Und ohne die Fähigkeit der Konzentration – das heißt, ohne die Fähigkeit, dem Gehirn seine Aufgaben zu diktieren und Gehorsam zu verlangen –, ist wahres Leben nicht möglich. Die Kontrolle über seine Gedanken ist der erste Schritt zu einem erfüllten Sein.

Deshalb bin ich der Meinung, dass man jeden Tag als Erstes seine Gedanken in Schwung bringen sollte. Du sorgst für deinen Körper, innen wie außen; du achtest peinlich genau darauf, dein Gesicht oder deine Gliedmaßen zu enthaaren; du beschäftigst ganze Heerscharen von Menschen, vom Milchmann bis zum Metzger, damit dein Magen sich anständig benimmt. Warum nicht ein wenig Aufmerksamkeit der sehr viel empfindlicheren Maschinerie des Geistes schenken, besonders, da hierzu keine fremde Hilfe erforderlich ist? Für diesen Bereich der handwerklichen Lebenskunst habe ich die Zeit vom Augenblick des Verlassens meines Hauses bis zum Eintreffen im Büro reserviert.

„Wie bitte? Ich soll meine Gedanken auf der Straße, auf dem Bahnsteig, im Zug und dann wieder auf der überfüllten Straße kultivieren?" Genau. Nichts ist einfacher! Dazu braucht es kein Handwerkszeug! Nicht einmal ein Buch. Dennoch ist es kein leichtes Unterfangen.

Wenn du dein Haus verlässt, richte deine Aufmerksamkeit auf ein bestimmtes Thema (am Anfang spielt es noch keine Rolle, auf welches). Du wirst keine zehn Meter gegangen sein, bevor deine Gedanken unversehens abgleiten und sich mit einem anderen Thema befassen. Pack sie am Kragen und zerre sie zurück. Bis du die U-Bahn-Station erreicht hast, wirst du sie etwa vierzigmal wieder zurückgezerrt haben.

Verzweifle nicht. Mach so weiter. Ohne Unterlass. Du wirst Erfolg haben. Hältst du daran fest, kannst du unmöglich scheitern. Es ist sinnlos, so zu tun, als könntest du dich nicht konzentrieren. Erinnerst du dich noch an jenen Morgen, als du einen beunruhigenden Brief erhieltest, bei dessen Beantwortung du dir jedes Wort genau überlegen musstest? Wie sich deine Gedanken da die ganze Zeit ständig mit der Antwort befassten, ohne eine Sekunde zu zögern, bis du dein Büro erreicht hattest, worauf du dich sofort hingesetzt und den Antwortbrief geschrieben hast? Das war ein Fall, in dem dich die Umstände zu einem solchen Maß an Lebenskraft erweckten, dass du deine Gedanken wie ein Tyrann kontrollieren konntest. Kleinkram interessierte dich nicht. Du bestandest darauf, dass die Angelegenheit geklärt werden musste, und du hast die Angelegenheit geklärt.

Durch regelmäßige Konzentrationsübungen (die kein Geheimnis sind – bis auf das Geheimnis der Ausdauer) kannst du deine Gedanken jede Stunde des Tages kontrollieren, und der Ort spielt keine Rolle. Die

Übung ist sogar sehr angenehm. Würdest du den Morgenzug mit einem Paar Hanteln für die Muskeln oder einer Enzyklopädie in zehn Bänden für deine Gelehrsamkeit betreten, würdest du wahrscheinlich spöttische Bemerkungen zu hören bekommen. Aber wenn du auf der Straße dahinspazierst oder hinter einer Pfeife in einer Ecke des Zugabteils sitzt oder in einer U-Bahn in einer Schlaufe hängst, wer sollte da wissen, dass du mit den wichtigsten Handlungen des Tages befasst bist? Welcher Esel könnte da schon über dich lachen?

Es ist mir egal, worauf du dich konzentrierst, solange du dich überhaupt konzentrierst. Was zählt, ist lediglich die Disziplinierung der Denkmaschine. Dabei könntest du natürlich auch gleich zwei Fliegen mit einer Klappe schlagen und dich auf etwas Nützliches konzentrieren. Ich schlage vor – es ist nur ein Vorschlag –, dass du etwas liest. Für den Anfang würde ich dir einige Kapitel aus den Texten des römischen Kaisers Mark Aurel oder des einstigen Sklaven Epiktet empfehlen, die sich mit Selbstbetrachtungen und der Unabhängigkeit des Geistes befassen.

Ich bitte dich, schrecke bei diesen Namen nicht zurück. Ich für meinen Teil kenne nichts „Aktuelleres", das mehr gesunden Menschenverstand zum Ausdruck bringt und sich besser auf das Alltagsleben einfacher Menschen wie dir und mir (die Geschwätz, Prahlerei und Unfug hassen) anwenden lässt als Mark Aurel oder Epiktet. Lies jeden Abend ein Kapitel – die Kapitel sind doch so kurz! –, und denke am nächsten Morgen darüber nach. Du wirst schon sehen.

Nein, mein Freund, es gelingt dir nicht, mir deine Meinung vorzuenthalten. Ich höre deine Gedanken, als wären sie telefonisch mit mir verbunden. Du sagst dir gerade: „Bis zum siebten Kapitel hat der Bursche es ja noch ganz gut gemacht. Er hatte schon fast mein Interesse geweckt. Aber was er jetzt vom Nachdenken in Zügen und Konzentration und so weiter schwafelt, das ist nichts für mich. Den einen oder anderen mag das ja interessieren, aber mir kann er damit gestohlen bleiben."

Es ist genau das Richtige für dich, kann ich nur nachdrücklich wiederholen; es ist genau das Richtige für dich. Du bist die Person, an die ich mich wende.

Lässt du diesen Vorschlag außer Acht, ignorierst du den kostbarsten Vorschlag, der dir jemals gemacht wurde. Es ist nicht mein Vorschlag. Es ist ein Vorschlag der vernünftigsten, pragmatischsten, sachlichsten Menschen, die es auf Erden gibt. Ich leite ihn nur an dich weiter. Versuch's einmal. Nimm deine Gedanken selbst in die Hand. Und sieh zu, wie dieser Prozess die Hälfte des Bösen in deinem Leben eliminiert, besonders diese erbärmliche, vermeidbare, schändliche Krankheit – die Sorge!

VIII.
Nachdenken über sein Verhalten

Die Übung, seine Gedanken auf etwas zu richten (der man täglich mindestens eine halbe Stunde lang nachgehen sollte), ist lediglich eine vorbereitende Maßnahme, als spielte man Tonleitern auf dem Klavier. Hat man Macht über seine Gedanken erlangt, diese wohl unbotmäßigsten Mitglieder des komplexen Organismus, muss man sie natürlich noch unter das Joch beugen. Zwecklos, einen gefügigen Verstand zu besitzen, wenn man nicht im größtmöglichen Rahmen aus seinem Gehorsam Nutzen ziehen kann. Und hier ist ein grundlegendes und ausführliches Studium angesagt.

Worum es bei diesem Studium gehen sollte, dürfte eigentlich außer Frage stehen; es stand schon immer außer Frage. Alle vernünftigen Menschen jeder Altersstufe stimmen darin überein. Und es handelt sich weder um Literatur noch um eine andere Kunstform oder die Geschichtswissenschaft, noch überhaupt um eine Wissenschaft. Es geht um das Studium seiner selbst. *Erkenne dich selbst.* Diese Worte sind so abgedroschen, dass ich bei ihrer Niederschrift förmlich erröte. Aber sie müssen niedergeschrieben werden, weil es um nichts anderes geht. (Ich nehme mein Erröten zurück, denn ich schäme mich dessen.) „Mensch, erkenne dich selbst." Ich spreche es laut aus. Mit dieser Redewendung ist jeder vertraut, ihren Wert kennt jeder, aber nur die Klügsten setzen sie in die Praxis um. Ich weiß nicht warum. Ich bin vollkommen überzeugt, dass es der typischen, mit den besten Absichten versehenen Person von heute am meisten im Leben an Reflexionsvermögen mangelt.

Wir überlegen nicht. Ich meine, über wirklich wichtige Dinge denken wir nicht nach; über die Frage unseres Glücks, über die Richtung, die wir eingeschlagen haben, darüber, was das Leben uns zu bieten hat, über den Anteil, den die Vernunft bei der Erreichung unserer Ziele spielt (oder auch nicht spielt), und über das Verhältnis zwischen unseren Prinzipien und unserem Verhalten.

Und doch strebst du nach Glück, oder nicht? Hast du es schon gefunden?

Die Wahrscheinlichkeit ist groß, dass du es noch nicht gefunden hast. Die Wahrscheinlichkeit ist groß, dass du mittlerweile zu der Überzeugung gelangt bist, dass Glück etwas Unerreichbares ist. Aber es gibt Menschen, die ihr Glück gefunden haben. Und sie haben es gefunden, indem sie erkannten, dass Glück nicht der Beschaffung körperlicher oder geistiger Freuden entspringt, sondern der Entwicklung von Vernunft und der Anpassung seines Verhaltens an Prinzipien. Du wirst wohl nicht die Dreistigkeit besitzen, das zu leugnen. Und wenn du es dir eingestehst und immer noch keinen Teil des Tages dem bewussten Nachdenken über deine Vernunft, deine Prinzipien und dein Verhalten widmest, gestehst du damit gleichzeitig ein, dass du vielleicht nach einer bestimmten Sache strebst, aber regelmäßig die eine Handlungsweise unterlässt, die erforderlich ist, um eben diese Sache auch zu erreichen.

Also, soll *ich* jetzt erröten, oder willst du erröten?

Du brauchst nicht zu befürchten, dass ich dir bestimmte Prinzipien unterjubeln will. Es ist mir gleich, welche Prinzipien du vertrittst. Vielleicht gehört zu deinen Prinzipien die Überzeugung, dass Einbruch etwas Rechtschaffenes ist. Das ist mir gleich. Ich will nur darauf hinaus, dass ein Leben, in dem dein Verhalten sich nicht weitgehend an Prinzipien orientiert, ein törichtes Leben ist; und dass dein Verhalten sich nur dann an Prinzipien orientieren kann, wenn sie täglich neu betrachtet, erwogen und als Vorsatz gefasst werden können. Das Traurige an Einbrechern ist doch immer, dass ihre Prinzipien im Widerspruch zum Einbruch stehen. Würden sie aufrichtig an die moralische Vortrefflichkeit von Einbrüchen glauben, würde die Haftstrafe lediglich eine Anzahl glücklicher Jahre für sie bedeuten; alle Märtyrer sind glücklich, weil ihr Verhalten und ihre Prinzipien im Einklang miteinander stehen.

Was die Vernunft angeht (die zu einem Verhalten führt und durchaus mit der Aufstellung von Prinzipien zu tun hat), so spielt sie eine erheblich geringere Rolle in unserem Leben, als wir glauben. Wir sollten vernünftig sein, lassen uns aber weitaus eher von unseren Instinkten als von unserer Vernunft leiten. Und je weniger wir nachdenken, desto unvernünftiger handeln wir. Wenn du das nächste Mal auf den Kellner wütend bist, weil dein Steak zu lange gegart ist, bitte die Vernunft in den Konferenzraum deiner Gedanken und berate dich mit ihr. Sie wird dir wahrscheinlich sagen, dass der Kellner das Steak nicht gegart hat und keine Kontrolle über das Garen des Steaks hatte; und dass du, selbst wenn er die ganze Schuld allein trüge, nichts damit gewinnen würdest, zornig auf ihn zu sein; du würdest bloß deine Würde verlieren und in den Augen der Feinfühligen wie ein Narr dastehen und auch noch den Kellner verärgern, was keinerlei Auswirkungen auf das Steak hätte.

Das Ergebnis dieser Besprechung mit der Vernunft (die sie dir nicht in Rechnung stellt) wird sein, dass, wenn dein Steak wieder einmal zu lange gegart ist, du den Kellner wie einen Mitmenschen behandeln, auf freundliche Weise ganz ruhig bleiben und höflich auf einem anderen Steak bestehen solltest. Der Gewinn wird offensichtlich und handfest sein. Bei der Ausbildung oder Veränderung von Prinzipien und der Praxis des Verhaltens kann man viel aus Büchern lernen (die oft schon zu geringen Preisen in der Buchhandlung erhältlich sind). Im letzten Kapitel erwähnte ich Mark Aurel und Epiktet. Sicher fallen einem auf Anhieb noch erheblich bekanntere Werke ein. Ich könnte auch Blaise Pascal, La Bruyere und Ralph Waldo Emerson erwähnen, die in Frankreich und Amerika als mathematische Genies, literarische Moralisten oder geistliche Philosophen alle an die Wirkungskraft des menschlichen Geistes glaubten. Was mich angeht, so wirst du mich unterwegs nicht ohne Mark Aurel antreffen. Ja, Bücher sind wertvoll. Aber keine Lektüre von Büchern kann die tägliche, offene und ehrliche Betrachtung dessen ersetzen, was man kürzlich getan hat und was man beabsichtigt – den steten Blick ins eigene Gesicht (so beunruhigend dieser Anblick auch sein mag).

Wann soll diese wichtige Angelegenheit erfolgen? Die Einsamkeit der abendlichen Heimfahrt scheint mir dafür am Geeignetsten zu sein. Auf die Strapazen, die der Erwerb des Lebensunterhalts mit sich brachte, folgt unwillkürlich eine gewisse Besinnlichkeit. Wenn du natürlich, statt dich einer elementaren und großen Aufgabe hinzugeben, lieber die Zeitung liest (die du genausogut beim Warten auf das Abendessen lesen könntest), versage ich mir jedes weitere Wort. Aber irgendwann am Tag musst du dich darum kümmern.

Jetzt komme ich zu den Abendstunden.

IX.
Interesse an den Künsten

Viele Menschen geben sich abends regelmäßig und anhaltend dem Müßiggang hin, weil sie glauben, dass es für den Müßiggang keine Alternative als das Studium der Literatur gäbe; und zufällig behagt ihnen die Literatur überhaupt nicht. Das ist ein großer Irrtum.

Selbstverständlich ist es unmöglich, oder doch wenigstens sehr schwierig, etwas ohne die Hilfe von Büchern gründlich zu studieren. Aber wenn du in die Geheimnisse des Bridge oder des Segelns eingeweiht werden willst, würde dein mangelndes Interesse an Literatur dich doch nicht davon abhalten, die besten Bücher über Bridge oder das Segeln zu lesen. Wir müssen also zwischen Literatur und Büchern zu einem bestimmten Thema unterscheiden, die nicht unbedingt literarischen Anspruch erheben. Auf Literatur im engeren Sinn werde ich zu gegebener Zeit zurückkommen.

Ich will denen, die niemals Dante und sein *Göttliches Inferno* gelesen haben und die eine Diskussion darüber, ob ein bestimmter Autor ein wahrer Dichter ist oder nicht, kalt lässt, nur so viel sagen: Das ist völlig in Ordnung! Es ist kein Verbrechen, Literatur nicht zu lieben. Es ist kein Zeichen von Schwachsinn. Die Literaturpäpste würden den Unseligen natürlich am liebsten gleich standrechtlich erschießen lassen, der nicht auf Anhieb begreift, sagen wir, welchen Einfluss William Wordsworth, der Begründer der englischen Romantik, auf Alfred Lord Tennyson hatte, der als Spätromantiker noch vor einem halben Jahrhundert in England den literarischen Ton angab. Aber das zeugt nur von ihrer eigenen Ignoranz und Engstirnigkeit. Wie würden sie sich anstellen, frage ich mich, wenn ich von ihnen verlangte, mir zu erklären, welche Einflüsse Tschaikowskis Symphonie *Pathétique* so großartig machen? Es gibt auch außerhalb der Literatur zahlreiche Wissensbereiche, die Kulturbeflissenen einen enormen Spielraum gewähren. Da fallen mir etwa (wo ich gerade das populärste Stück Hochklassik in der heutigen Musik Englands erwähnte) die alljährlichen *Proms* ein. Wohne dieser Konzertreihe bei. Rauche deine Zigarre oder Zigarette (und scheue dich nicht, ruhig auch während der leisen Töne der *Lohengrin*-Overtüre deine Streichhölzer anzuzünden), dann wirst du an der Musik deine helle Freude haben. Aber du sagst, du spielst weder Klavier noch Violine und auch kein Banjo, du verstündest rein gar nichts von Musik.

Was spielt das schon für eine Rolle? Dein guter Musikgeschmack wird doch bereits dadurch garantiert, dass der Dirigent, damit du die Halle mit deiner und der Anwesenheit deiner Freunde beehrst, ein Programm anbieten muss, in dem praktisch keine schlechte Musik vorkommt (im Gegensatz zu alten Zeiten in Covent Garden!).

Außerdem wird dein Unvermögen, auf dem Klavier *The Maiden's Prayer* zum Besten zu geben, dich sicher nicht davon abhalten, dich mit dem Aufbau des Orchesters zu beschäftigen, dem du zwei Monate lang an zwei Abenden in der Woche lauschst! Wahrscheinlich hältst du das Orchester anfangs für eine heterogene Masse von Instrumenten, die einen konfusen, gefälligen Massenklang hervorbringen. Du hörst keine Einzelheiten heraus, weil deine Ohren nicht daran gewöhnt sind, Einzelheiten zu hören.

Würde man dich bitten, die Instrumente zu benennen, die das Hauptthema zu Beginn der c-Moll-Symphonie spielen, könntest du es nicht – und gälte es dein Leben! Dennoch bewunderst du die c-Moll-Symphonie. Sie hat dich gepackt. Sie wird dich wieder packen. Du hast sogar in aufgeräumter Stimmung mit dieser Dame darüber gesprochen – du weißt schon, wen ich meine. Dabei kannst du nichts weiter über die c-Moll-

Symphonie sagen, als dass Beethoven sie komponierte und sie eine „wundervolle Sache" ist.

Aber würdest du dir eines von vielen leicht zugänglichen Büchern besorgen, die Fotos der Orchesterinstrumente und Pläne der Anordnung von Orchestern enthalten, würdest du das nächste Prom-Konzert mit erheblich größerem Interesse besuchen. Statt als konfuse Masse würde das Orchester dir als das erscheinen, was es ist – ein wundervoll ausgewogener Organismus, dessen verschiedene Gruppen von Teilnehmern alle eine andere und unerlässliche Funktion ausüben. Du würdest die Instrumente heraushören und ihren besonderen Klang wahrnehmen. Du würdest feststellen, was für ein großer Unterschied zwischen einem französischen und einem englischen Horn besteht, und du würdest verstehen, warum ein Oboespieler besser bezahlt wird als ein Violinist, obwohl die Violine das schwierigere Instrument ist. Du würdest bei einem solchen Konzert wahrhaft aufleben, während du dich vorher bloß in einem komatösen Zustand der Glückseligkeit befandest, wie ein Baby, das einen funkelnden Gegenstand anstarrt.

Die Fundamente eines echten, systematischen Wissens über Musik wären gelegt. Du könntest dich über eine bestimmte Musikform (wie die Symphonie) oder das Werk eines bestimmten Komponisten informieren. Am Ende eines aus achtundvierzig Wochen mit jeweils drei kurzen Abenden bestehenden Jahres würdest du, auch dank des Studiums der Programme und des Besuchs von Konzerten, die du dir mit Hilfe deines wachsenden Wissens ausgesucht hast, wirklich etwas von Musik verstehen, auch wenn du dem Anspruch, *The Maiden's Prayer* auf dem Klavier zu klimpern, vielleicht keinen Schritt näher gekommen ist.

„Aber ich hasse doch Musik!", wirst du jetzt vielleicht einwenden. Mein lieber Freund, ich respektiere das.

Aber was für die Musik gilt, gilt auch für die anderen Künste. Ich darf vielleicht für den Anfang (lediglich für den Anfang) noch einmal auf die herausragende Rolle von Büchern hinweisen, wenn es um die systematische Ausbildung beispielsweise in Fragen der Malerei und Architektur geht. Den Wissensgebieten sind keine Grenzen gesetzt. Es gibt so viele Künste.

„Aber ich hasse alle Künste!", sagst du jetzt vielleicht. Mein lieber Freund, ich respektiere dich immer mehr. Mit deinem Fall werde ich mich gleich als Nächstes befassen, bevor ich mich erneut der Literatur zuwende.

X.
Es gibt im Leben keine Langeweile

Kunst ist eine großartige Sache, aber sie ist nicht das Größte. Die wichtigste Wahrnehmung von allen ist die beständige Wahrnehmung von Ursache und Wirkung – mit anderen Worten, die Wahrnehmung der fortdauernden Entwicklung des Universums. Mit abermals anderen Worten: die Wahrnehmung der Evolution. Hat man sich einmal die maßgebliche Wahrheit bewusst gemacht, dass nichts ohne Ursache geschieht, erweitert sich nicht nur der eigene Horizont, man bekommt auch ein großes Herz.

Es ist nicht schön, wenn einem die Uhr gestohlen wird, aber man denkt sich, dass der Dieb der Uhr auf Grund von Vererbung und Milieu zum Dieb wurde, was ebenso interessant ist wie wissenschaftlich plausibel; und so kauft man sich eben eine andere Uhr, zwar nicht erfreut, aber wenigstens mit einer inneren Haltung, die keinen Platz für Verbitterung lässt. Durch das Studium von Ursache und Wirkung verliert man die lächerliche Einstellung so vieler Menschen, die von den

Merkwürdigkeiten des Lebens ständig schockiert und entsetzt sind. Solche Menschen leben ihre menschliche Natur, als wäre sie ein fremdes Land voll schrecklich fremder Sitten. Hat man jedoch einmal eine gewisse Reife erlangt, sollte man sich schämen, noch ein Fremder in einem fremden Land zu sein!

Das Studium von Ursache und Wirkung macht das Leben malerischer und lindert gleichzeitig die Not des Lebens. Der Mensch, für den Evolution ein leeres Wort ist, sieht im Meer ein grandioses, monotones Schauspiel, dem er im August für drei Schillinge dritter Klasse inklusive Rückfahrt beiwohnen kann. Der Mensch, der von der Idee der Entwicklung durchdrungen ist, der beständigen Ursache und Wirkung, sieht im Meer ein Element, das in einem längst vergangenen Zeitalter Dampf war, gestern noch brodelte und morgen unvermeidlich zu Eis erstarrt sein wird.

Er sieht, dass eine Flüssigkeit nur etwas ist, das sich auf dem Weg zum festen Körper befindet, und ist von dem großartigen, wechselhaften, malerischen Bild des Lebens durchdrungen. Nichts bringt dauerhaftere Zufriedenheit als die ständige Kultivierung dieser Wertchätzung.

Das Prinzip von Ursache und Wirkung kann man überall beobachten. Im Londoner Stadtteil Shepherd's

Bush stiegen die Mieten an. Es war schmerzlich und schrecklich, dass dort die Mieten anstiegen. Aber bis zu einem gewissen Grad betrachten wir jede Ursache und Wirkung auf wissenschaftliche Weise, und es gab nicht einen Angestellten, der im Restaurant des Lyons Club zu Mittag aß und nicht, wie es die Wissenschaft verlangt, eins und eins zusammengezählt und in der (damals noch) günstigen U-Bahn-Anbindung die Ursache für die steigende Nachfrage nach Wohnraum in Shepherd's Bush erkannt hätte und in der steigenden Nachfrage nach Wohnraum die Ursache für den steigenden Preis der Mieten.

„Binsenweisheiten!", sagst du jetzt vielleicht verächtlich. Aber in der ganzen komplexen Bewegung des Universums ist eigentlich alles eine Binsenweisheit, alles ist klar und einfach – wenn du nur eins und eins zusammenzählst. Und es könnte doch sein, mein lieber Freund, dass du Grundstücksmakler bist und die Künste verabscheust und deiner unsterblichen Seele etwas Gutes tun willst und einfach kein Interesse mehr an deinem Beruf aufbringst, weil er dir so langweilig erscheint.

Nichts ist langweilig.

Das großartige, wechselhafte, malerische Bild des Lebens zeigt sich ganz wundervoll im Büro eines

Grundstückmaklers. Wie bitte? Allerdings. In der Oxford Street gab es ständig Staus, und um diese Staus zu verhindern, begannen die Menschen unter den Kellern und der Kanalisation zu reisen, und als Ergebnis gingen die Mieten in Shepherd's Bush hoch! Und du behauptest, das sei keine malerische Vorstellung? Angenommen, du würdest aus einem solchen Blickwinkel eineinhalb Stunden an jedem zweiten Abend über die Eigentumsfrage in London nachdenken. Würde das deinem Geschäft nicht gewaltigen Auftrieb geben und dein gesamtes Leben verändern?

Du würdest auf kniffligere Fragen stoßen. Und du könntest uns erklären, weshalb, als natürliches Ergebnis von Ursache und Wirkung, die längste gerade Straße in London nur rund eineinhalb Meter lang ist, während die längste vollkommen gerade Straße in Paris kilometerweit reicht. Ich muss gestehen, dass ich mir mit dem Angestellten eines Maklerbüros nicht gerade ein Beispiel ausgesucht habe, das meinen Theorien besonders entgegenkommt.

Du bist Bankangestellter und hast noch nicht diese atemberaubende (als wissenschaftliche Studie getarnte) Liebesgeschichte gelesen: Walter Bagehots *Lombard Street*? Ach, mein lieber Freund, hättest du doch damit begonnen und sie jeden zweiten Morgen etwas weiter verfolgt, wie entzückend kämen dir deine Geschäfte jetzt vor und wie gut würdest du die menschliche Natur verstehen.

Du bist ein „Städter", aber deine geliebten Ausflüge aufs Land und deine Beobachtungen der Tierwelt sind gewiss Zerstreuungen, die dir das Herz erwärmen. Weshalb verlässt du nicht eines Abends in deinen Pantoffeln das Haus, gehst mit einem Schmetterlingsnetz zur nächsten Straßenlaterne und beobachtest das Leben der gemeinen Stadtmotte, die im Licht herumflattert, koordinierst das so erlangte Wissen, verschaffst dir eingehendere Kenntnisse und weißt endlich etwas über irgendwas?

Du musst dich nicht den Künsten oder der Literatur hingeben, um ein erfülltes Leben zu führen.

Das weite Feld täglicher Gewohnheiten und Schauplätze wartet nur darauf, die Neugier zu befriedigen, die das Leben bereithält und deren Befriedigung dafür sorgt, dass Verständnis in das Herz einzieht.

Ich habe dir versprochen, mich mit deinem Fall zu befassen, mit dir, der du Kunst und Literatur verabscheust, und das habe ich hiermit getan. Nun wende ich mich einem Fall zu, der glücklicherweise häufiger vorkommt, dem Fall desjenigen, der „gerne liest".

XI. Ernsthafte Lektüre

Romane sind von der „ernsthaften Lektüre“ ausgenommen, damit der Leser, der sich der Weiterbildung verschrieben und beschlossen hat, dreimal die Woche neunzig Minuten dem Studium der Werke von Charles Dickens zu widmen, gut beraten ist, diese Pläne zu ändern. Das hat seinen Grund nicht etwa darin, dass Romane keine ernsthafte Lektüre wären – ein großer Teil der Weltliteratur wurde in Prosa geschrieben –, der Grund ist, dass man schlechte Romane nicht lesen sollte und dass gute Romane keines nennenwerten geistigen Aufwands seitens des Lesers bedürfen. Einzig die schlechten Abschnitte der Romane George Merediths sind schwierig, in denen er die Selbstbewährung Einzelner im Konflikt zwischen Verstand und Sinnen schildert.

Ein guter Roman reißt dich mit wie ein rauschender Strom ein Floß, und wenn du dein Ziel, das Ende, erreicht hast, bist du vielleicht atemlos, aber nicht erschöpft. Die besten Romane bereiten beim Lesen nicht die geringste Mühe. Nun ist bei der Kultivierung des Geistes, wenn du dich einer Aufgabe gegenübersiehst, die ein Teil von dir unbedingt bewältigen will und vor der ein anderer Teil von dir zurückschreckt, einer der wichtigsten Faktoren dieses Gefühl, sich anstrengen zu müssen oder mit Schwierigkeiten zu kämpfen; und dieses Gefühl kommt bei einem Roman gar nicht erst auf. Man muss nicht die Zähne zusammenbeißen und durchhalten, um *Anna Karenina* zu lesen. Tolstoi war ein vollendeter Dramatiker; er verstand sein Geschäft.

Deshalb solltest du, obwohl du auch Romane lesen solltest, sie nicht in diesen neunzig Minuten lesen.

Phantasievolle Dichtung verlangt erheblich mehr geistige Anstrengung als ein Roman. Sie verlangt vielleicht von allen Literaturformen die meiste Anstrengung. Sie ist die höchste Form der Literatur. Sie bereitet das höchste Maß an Vergnügen und lehrt die höchste Weisheit. Mit einem Wort: Sie lässt sich mit nichts vergleichen. Ich sage dies im vollen Bewusstsein des traurigen Umstands, dass die meisten Menschen keine Dichtung lesen.

Ich bin überzeugt, dass viele herausragende Persönlichkeiten, vor die Wahl gestellt, ob sie *Das verlorene Paradies* von John Milton lesen sollten, immerhin unser bedeutendster Dichter seit Shakespeare, oder am helllichten Tag auf Knien in Sack und Asche um den Trafalgar Square robben sollten, letztere Wahl treffen und sich lieber öffentlich lächerlich machen würden. Dennoch werde ich nie aufhören, meinen Freunden und Feinden zu raten, in erster Linie Dichtung zu lesen. Wenn Dichtung für dich ein „Buch mit sieben Siegeln" ist, lies als Erstes William Hazlitts berühmten Essay über das Wesen der „allgemeinen Dichtung". Etwas Besseres dieser Art gibt es auf Englisch nicht, und niemand, der den Essay gelesen hat, wird jemals dem Irrtum unterliegen, Dichtung wäre eine mittelalterliche Foltermethode oder ein wild gewordener Elefant oder ein Gewehr, das von selbst losgeht und auf vierzig Schritt Entfernung tötet. Man kann sich kaum vorstellen, dass jemand, nachdem er Hazlitts Essay gelesen hat, nicht den Drang verspürt, vor seiner nächsten Mahlzeit unbedingt noch Dichtung zu lesen. Wenn dich der Essay entsprechend anregt, schlage ich vor, dass du dich an erzählender Literatur versuchst.

Es gibt einen englischen Roman, von einer Frau geschrieben, der entschieden besser ist als alles von George Eliot oder den Brontës oder sogar Jane Austen. Vermutlich hast du noch nicht davon gehört, geschweige denn ihn gelesen. Er heißt *Aurora Leigh* und seine Verfasserin Elizabeth Barrett Browning. Zufällig ist er in Versform geschrieben und enthält eine große Menge ganz ausgezeichneter Dichtung. Beschließe, dieses Buch zu lesen, auch wenn dir davor graust. Vergiss, dass es sich um Dichtung handelt. Lies es einfach wegen der Story und der gesellschaftlichen Ideen. Und wenn du es durch hast, frage dich aufrichtig, ob du immer noch keine Dichtung magst. Ich kenne mehr als eine Person, der *Aurora Leigh* klar gemacht hat, dass sie sich in der Annahme, Dichtung nicht ausstehen zu können, gründlich getäuscht hatte.

Wenn du dir natürlich nach Hazlitts Essay endgültig sicher bist, dass in dir etwas ist, was sich gegen Dichtung sträubt, musst du dich eben mit Geschichte oder Philosophie begnügen. Das fände ich bedauerlich, wäre deshalb aber nicht untröstlich. *Verfall und Untergang des Römischen Reiches* von Edward Gibbon, das die These von der Schuld des Christentums am Untergang Roms vertritt, kann eigentlich nicht in einem Atemzug mit *Das verlorene Paradies* genannt werden, ist aber ebenfalls ein herausragendes Werk; und Herbert Spencers *Die ersten Prinzipien der Philosophie* spricht den Ansprüchen der Dichtung schlichtweg Hohn, weigert sich jedoch, als etwas anderes betrachtet zu werden als der erhabenste Ausdruck menschlichen Geistes. Ich will nicht behaupten, dass eines dieser Werke für einen Anfänger geeignet wäre. Aber ich sehe keinen Grund, weshalb nicht eine Person von durchschnittlicher Intelligenz nach einem Jahr ständiger ernsthafter Lektüre im Stande sein sollte, die größten Meisterwerke der Geschichte und Philosophie in Angriff zu nehmen. Große Meisterwerke haben den Vorteil, dass sie in ihren Aussagen erstaunlich klar sind.

Für den Anfang schlage ich kein besonderes Werk vor. Eine entsprechende Empfehlung wäre meiner Meinung nach sinnlos. Aber ich möchte zwei andere Vorschläge von einiger Bedeutung machen. Der erste wäre: Bestimme die Richtung und den Umfang deiner Anstrengungen. Suche dir eine Epoche aus oder ein fest umrissenes Thema oder einen bestimmten Autor. Sage dir: „Ich will etwas über die französische Revolution erfahren oder den Bau der Eisenbahnen oder das Werk von John Keats." Und schränke deine Wahl im Rahmen der Epoche, die du im voraus festgelegt hast, weiter ein. Es macht enorm viel Spaß, ein Spezialist zu sein.

Der zweite Vorschlag lautet, nicht nur zu lesen, sondern auch zu denken. Ich kenne Leute, die lesen und lesen, und es bringt ihnen nicht mehr, als würden sie ein Brot mit Butter bestreichen. Sie lesen, wie andere trinken. Sie rauschen wie in einem D-Zug durch die

Gefilde der Literatur, und ihr einziges Thema ist Geschwindigkeit. Sie werden dir erzählen, wie viele Bücher sie dieses Jahr schon gelesen haben.

Widmest du nicht wenigstens fünfundvierzig Minuten dem gründlichen, angestrengten Nachdenken (was anfangs schrecklich langweilig sein kann) darüber, was du gelesen hast, sind deine neunzig Minuten am Abend schlichtweg vergeudet. Natürlich bedeutet das, dass du langsamer vorankommst. Aber das spielt keine Rolle.

XII.
Gefahren, die man vermeiden sollte

Ich möchte diese Liste mit Hinweisen, wie man die Zeit in seinem Leben sinnvoll nutzen kann (im Gegensatz zum bloßen Dahinvegetieren), nicht abschließen – wobei ich fürchte, dass diese Hinweise oft zu didaktisch und knapp ausfallen –, ohne kurz auf einige Gefahren zu sprechen zu kommen, die dem wahren Studenten des Lebens auflauern könnten. Die erste ist die schreckliche Gefahr, zu einer dieser abscheulichen und wenig liebenswerten Personen zu werden – zu einem Schnösel. Ein Schnösel ist jemand, der sich ständig mit großen Weisheiten umgibt. Ein Schnösel ist ein aufgeblasener Wichtigtuer, der zu einem Spaziergang aufbricht und, ehe er sich's versieht, einen wichtigen Teil seiner Haltung verliert, nämlich seinen Sinn für Humor. Ein Schnösel ist ein Langweiler, der eine Entdeckung gemacht hat und davon so beeindruckt ist, dass es ihn düster stimmt, wenn die restliche Welt seine Erregung nicht teilt.

Es kann leicht geschehen und wäre fatal, unwillkürlich zu einem solchen Schnösel zu werden.

Beginnst du deshalb mit dem Unternehmen, deine gesamte Zeit voll zu nutzen, solltest du daran denken, dass deine eigene Zeit und nicht die anderer Menschen das Material ist, mit dem du umgehen musst; dass die Erde sich schon drehte, bevor du einen Arbeitsplan für deine Zeit aufstelltest; und dass sie sich weiterdrehen wird, ob du nun in deiner neuen Rolle als Schatzmeister deiner Zeit erfolgreich bist oder nicht. Du solltest auch nicht zu viel über das sprechen, was du tust, und dich nicht zu besorgt darüber zeigen, dass die ganze Welt jeden Tag so viele Stunden vergeudet und gar nicht richtig lebt. Letzten Endes wirst du herausfinden, dass dir eigentlich nichts weiter übrig bleibt, als auf dich selbst aufzupassen.

Eine andere Gefahr ist die, sich an einen Arbeitsplan zu ketten wie ein Sklave an einen Streitwagen. Der Arbeitsplan darf nicht mit einem durchgehen. Er muss respektiert, darf aber nicht wie einem Fetisch gehuldigt werden. Ein täglicher Arbeitsplan ist keine Religion.

Das scheint auf der Hand zu liegen. Aber ich kenne Personen, denen das Leben eine Last ist und die auch ihren Verwandten und Freunden eine drückende Last sind, einfach deshalb, weil sie das Offensichtliche nicht mit einbeziehen. „Oh nein“, höre ich die geplagte Ehefrau rufen. „Arthur führt immer um acht Uhr den Hund aus und fängt um viertel vor neun zu lesen an. Es ist also völlig unmöglich, dass wir ...“, und so weiter und so fort. Der Unterton vollkommener Endgültigkeit in dieser klagenden Stimme enthüllt die unerwartete und lächerliche Tragödie einer Laufbahn.

Andererseits ist ein Arbeitsplan nun einmal ein Arbeitsplan. Und wenn man sich nicht an ihn hält, ist er bald nur noch ein armseliger Witz. Sich hinreichend an seinen Arbeitsplan zu halten und dabei flexibel genug zu bleiben, ist bestimmt keine so leichte Aufgabe, wie es dem Unerfahrenen anfangs erscheinen mag.

Und dann besteht noch die Gefahr, dass man eine unablässige Hast entwickelt, eine immer größere Besessenheit in Bezug darauf, was als Nächstes geschehen muss. Auf diese Weise hat man bald den Eindruck, in einem Gefängnis zu leben und die Kontrolle über das eigene Leben zu verlieren. Vielleicht führt man um acht Uhr den Hund aus und denkt die ganze Zeit daran, dass man um Viertel vor neun zu lesen beginnen muss und sich nicht verspäten darf. Auch der hin und wieder bewusst herbeigeführte Bruch mit dem Arbeitsplan hilft nicht weiter. Das Böse entspringt nicht so sehr dem unflexiblen Beharren auf dem, was man unternimmt, sondern vielmehr dem Umstand, dass man sich von Anfang an zu viel aufgeladen und seinen Arbeitsplan zum Platzen gebracht hat. Das einzige Heilmittel dagegen ist, seinen Arbeitsplan neu aufzustellen und sich weniger vorzunehmen.

Aber der Hunger nach Wissen wächst mit dem, was diesen Hunger antreibt, und es gibt Menschen, die bei ihren Unternehmungen ständig in atemloser Hast sind. Zwar könnte man sagen, dass ständige atemlose Hast besser ist als ewiger Schlaf. Zeigt der Arbeitsplan allerdings den Hang, schikanös zu werden, und will man ihn nicht ändern, besteht das beste Mittel zur Linderung darin, behutsam zwischen den einzelnen Tätigkeiten zu wechseln. Beispielsweise könnte man zwischen dem Bernhardiner, der von der Leine gelassen wird, und dem Aufschlagen eines Buches fünf Minuten in vollkommener geistiger Ruhe verbringen; mit anderen Worten, fünf Minuten in dem vollen Bewusstsein verschwenden, dass man sie verschwendet.

Der größte und schwerste Fehler, auf den ich hinweisen möchte, ist einer, den ich vorhin schon erwähnte – das Risiko des Scheiterns gleich zu Anfang des Unternehmens.

Darauf muss ich bestehen.

Ein Scheitern gleich zu Anfang kann leicht den neugeborenen Impuls und jedes Quentchen Lebenskraft abtöten; deshalb sollten zahlreiche Vorsichtsmaßnahmen ergriffen werden, damit es nicht so weit kommt. Der Impuls darf nicht zu kräftig ausfallen. Sollten die ersten Schritte auch aberwitzig klein erscheinen, Hauptsache, sie werden so regelmäßig getan wie möglich.

Und hast du dich einmal für eine bestimmte Aufgabe entschieden, dann vollende sie auch – ungeachtet der Langeweile und des Widerwillens. Eine lästige Aufgabe vollendet zu haben, schafft enormes Selbstvertrauen.

Suchst du dir schließlich deine Beschäftigungen für die Abendstunden aus, so lass dich von nichts anderem leiten als deinem Geschmack und deiner natürlichen Neigung.

Es ist wundervoll, ein wandelndes Lexikon der Philosophie zu sein, aber wenn dir Philosophie nun einmal nicht liegt und du dich viel mehr für die Geschichte des städtischen Handels interessierst, solltest du von der Philosophie die Finger lassen und dich den Marktplätzen zuwenden.

Teil II

Freundschaft und das Frohe Fest

I.
Der Sachverhalt

Etwas ist mit unserer Weihnacht geschehen, oder mit unseren Herzen; oder mit beidem. Man braucht nur einen Blick auf die Vergangenheit zu werfen, um davon überzeugt zu sein. Früher begannen wir uns im November auf das Fest zu freuen. Wochenlang raschelte das Haus von bezaubernden und spannenden Geheimnissen. Das verstohlene Geräusch von Päckchen, die ein- und ausgepackt wurden, verwandelte es in eine flüsternde Galerie, und die erwartungsvolle Spannung stieg fast ins Unerträgliche. Am Vorabend des Weihnachtsfest legten wir uns ohne Hoffnung auf Schlaf ins Bett. Wir wussten, dass die Sternsinger, die in der Kälte jubilierten, uns wecken und wachhalten würden; und es freute uns, auf diese Weise wachgehalten zu werden.

Am nächsten Morgen kamen wir die Treppe hinunter, unterdrückten ein köstliches Gähnen und gaben höflich vor, uns noch nie besser gefühlt zu haben. Der Tag unterschied sich von anderen Tagen: Er besaß etwas einzigartig Romantisches, wie ein süßes Gift, das alle Krankheiten heilt. An diesem Tag wurden sogar die Zahnschmerzen in die Wüste geschickt, zusammen mit jedem gehässigen Wort, jedem giftigen Gedanken und jeder unschönen Geste. Wir sangen voller Begeisterung: „Christians awake, salute the happy morn." – Christen erwacht, begrüßt den frohen Morgen.

Wir begrüßten den frohen Morgen. Und als sämtliche Geschenke ausgepackt und die Geheimnisse aller Herzen ans Licht gebracht waren, verbrachten wir den Rest des frohen Morgens in offen eingestandener Gier mit dem Warten auf das erste der großen Festmahle. Und dann aßen wir und tranken und aßen erneut; ohne einen Gedanken an unsere Speisen zu verschwenden, an Vernunft oder an den morgigen Tag oder an Verdauungsstörungen. Wir aßen und tranken ohne Furcht und Scham, in der schieren, entfesselten Ekstase des Feierns. Und mit Hilfe bunter Papierhüte, die eigentlich für Fasching gedacht waren, verkleideten wir uns auf möglichst absurde Weise und machten uns doch nicht ernsthaft lächerlich; denn das Lächerliche liegt im Auge des Betrachters, nicht in dem, was betrachtet wird. Wir tanzten und sangen und lachten, bis wir nicht mehr konnten.

Schließlich stimmten wir noch ein „Festlied" an und beendeten den Tag, wie wir ihn begonnen hatten, mit gegenseitigen Segenswünschen. Und am nächsten Morgen waren wir indisponiert und schwach; aber es war uns gleich; wir hatten für unser Leid etwas Gleichwertiges erhalten, mehr als das. So war es früher gewesen.

Auch heute noch werden der Geist und die Riten der alten Weihnacht gefeiert, mehr oder weniger in ihrer ganzen Strenge und Pracht, von einem bestimmten Menschenschlag, der über die gesamte Erde verteilt ist. Dieser Menschenschlag ist rätselhaft, herrisch, konservativ, phantasievoll, leidenschaftlich ehrlich, kommt von wer weiß wo und löst sich wer weiß wie vor unseren Augen auf, geht ungeachtet von uns seiner Wege.

Ich meine die Kinder.

Kraft des Glaubens der Kinder zieht das Rentier weiter den Schlitten über den Himmel, und der Heilige Abend hebt sich weiter von den restlichen Wochentagen ab; er fällt aus der Woche heraus. Wir müssen uns hinsetzen und heucheln; und wir heucheln mit Enttäuschung in der Seele. An Weihnachten sind es nicht die Kinder, die sich verstellen; wir sind es. Wer erinnert sich nicht an den ersten Schimmer eines Verdachts, dass der Heilige Abend doch nur ein Tag wie jeder andere ist?

Im Haus meiner Erinnerungen war es seit unvordenklichen Zeiten die Aufgabe meines Bruders, sich am Weihnachtsmorgen, bevor sonst irgendetwas geschah, an die Orgel zu setzen und mit allen gezogenen Registern *Christians Awake* zu spielen. Er musste es tun. Die Tradition und der Wille, der vom elterlichen Schlafzimmer ausging, zwangen ihn dazu. An einem solchen Weihnachtsmorgen warf er mir beim Prüfen der Register mit hochmütig gekräuselten Lippen einen kurzen Seitenblick zu, und meine gekräuselten Lippen antworteten ihm schweigend. Es war, als hätte er gesagt: „Ich lasse mich dazu herab“, und als hätte ich gesagt: „Ich auch.“

Einen solchen Augenblick erleben die meisten von uns irgendwann einmal. Und von da an findet unglaublich schnell eine gewaltige Veränderung in uns statt. Ehe wir uns versehen, wird die Einrichtung der Weihnacht zu einem ärgerlichen Überlebenstest, der uns den Schlaf raubt und uns das Geld aus der Tasche zieht. Und schon ist Weihnachten nur noch Gefräßigkeit, Magenverstimmung, Kostspieligkeit und ein Quartalstag für fällige Zahlungen, und die Weihnachtskarten sind nur noch Ausgaben und Ärgernisse und die Geschenke nur noch höhere Ausgaben und Ärgernisse. Und wenn wir danach *Auld Lang Syne* singen, kommen wir uns töricht vor. Welch ein Segen wird es dann sein, wenn die „festliche Stimmung" (wie man sie irreführenderweise nennt), vorbei ist und wir uns wieder dem gesunden Menschenverstand überlassen dürfen!

Ich will damit nicht sagen, dass unsere Herzen am Heiligen Abend schwarz sind vor Verzweiflung. Ich will damit nicht sagen, dass wir am Heiligen Abend nicht von Freude erfüllt sein könnten. Es dürfte wohl außer Zweifel stehen, dass wir mit der beseeligenden Hilfe dieses geheimnisvollen Menschenschlags, durch die Kraft der Tradition und durch unsere Gabe der Heuchelei am Heiligen Abend sogar sehr viel Freude empfinden. Worauf ich hinaus will ist, dass unter dieser Freude die beunruhigende und quälende Empfindung der Unwirklichkeit, des Bedeutungslosen, einer übertriebenen und sogar falschen Gefühlsduseligkeit schlummert.

Damit will ich sagen, dass wir uns zur Freude an Weihnachten zwingen müssen. Wir müssen erst bewusst „Weihnachtsgefühle" in uns wachrufen. Wir müssen uns sogar ermahnen, auf keinen Fall zuzulassen, dass die Ungezwungenheit des Weihnachtsfests Schaden nimmt. Unsere merkwürdige Einstellung gegenüber Weihnachten, das uns schlimmstenfalls einen Urlaub beschert, kann man deutlich erkennen, wenn wir es mit unserer Einstellung gegenüber einer anderen Urlaubszeit vergleichen – den Sommerferien. Zur Freude an den Sommerferien brauchen wir uns nicht zu zwingen. Niemand befürchtet, dass die Einrichtung der Sommerferien seine Ungezwungenheit verliert. Wir benötigen auch nicht das Beispiel der Kinder, das uns dabei hilft, im August eine „festliche Stimmung" herbeizuführen.

Sollte jemand der Meinung sein, dass ich mich täusche und nicht die Wahrheit spreche, dass Weihnachten bei allen rechtschaffenen Menschen in hohem Ansehen steht und dass der, der Zweifel an der Ungezwungenheit des Weihnachtsfests hat, nicht rechtschaffen ist, so möge diese Person nicht weiterlesen. Dieser Essay wurde nicht für sie geschrieben. Und auch wenn eine freundlichere Person gönnerhaft Einspruch erhebt, dass mit Weihnachten alles stimmt und der Grund für meine Sicht der Dinge in meinem fortgeschrittenen Alter liegt, so möge auch diese Person nicht weiterlesen. Dieser Essay wurde nicht für sie geschrieben. Er wurde für Personen geschrieben, die den Tatsachen heiter ins Antlitz schauen können.

Dass Weihnachten einen Teil seines Zaubers verloren hat, ist eine Tatsache, die für den gesunden Menschenverstand der westlichen Hemisphäre unstrittig ist.

Diese Tatsache zu leugnen wäre kindisch. Sich ihr zu stellen, sie verstehen zu wollen, mit ihr zu rechnen und allem Bösen, das sich daraus vielleicht ergibt, zuvorzukommen – allein dieser Weg ist eines aufrichtigen Menschen würdig.

II. Die Ursache

Wäre die Dekadenz der Weihnacht ein rein subjektives Phänomen, auf jene von uns beschränkt, die keine Kinder mehr sind, dann würde daraus folgen, dass Weihnachten schon immer dekadent war; denn alle Menschen neigen dazu, einmal keine Kinder mehr zu sein. Eine weitere Folgerung wäre, dass dieses Fest ursprünglich von desillusionierten Erwachsenen zum Wohl der Kinder erfunden wurde, was vollkommen absurd ist. Erwachsene haben noch nie eine Einrichtung, ein Fest oder ein Spiel ausdrücklich zum Wohl der Kinder erfunden. Der Egoismus von Erwachsenen macht eine solche Bemühung unmöglich, und der Einfallsreichtum und die Anpassungsfähigkeit von Kindern machen sie überflüssig. Die Pantomime beispielsweise, zu meiner Zeit ein Lieblingsspiel der Kinder, wurde von Erwachsenen zur Freude von Erwachsenen erfunden. Die Kinder haben sie lediglich übernommen und ausgebaut.

Kinder sind auf Grund ihrer Hilflosigkeit Fatalisten und Nachahmer. Sie nehmen alles, wie es kommt, und machen das Beste daraus. Und wenn sie sich etwas angeeignet haben, was den Erwachsenen gehörte, dann kleben sie daran wie Blutegel.

Sie sind furchtbar konservativ, diese Kinder, ja sogar reaktionär! Sie widersetzen sich Veränderungen mit aller Kraft. Was sie an der Pantomime am meisten bewundern, ist der älteste Teil davon, die eigentliche Pantomime – die Harlekinade! Deshalb ist das Naturell von Kindern ein Beweis dafür, dass Weihnachten das, was es heute für sie ist, früher einmal für ihre Eltern war. Empfinden und bekunden sie nun Glaube und Begeisterung beim Begehen des Festes, so kannst du sicher sein, dass die Erwachsenen einmal den gleichen Glauben und die gleiche Begeisterung empfunden und bekundet haben – ja, und sogar noch mehr! Weder im Glauben noch in der Begeisterung kann ein Kind es nämlich mit einem überzeugten Erwachsenen aufnehmen. Kein Kind könnte so leidenschaftlich an etwas glauben, wie der Millionär an Geld glaubt oder der Sozialreformer an die parlamentarische Gesetzgebung.

Der vielleicht krönende Beweis dafür, dass Weihnachten einmal einen großen Stellenwert in unseren Herzen einnahm, ist die Inbrunst und lyrische Pracht der alten Weihnachtschoräle. Diese Choräle wurden nicht von Menschen geschrieben, damit ihre Kleinsten Freude an

Weihnachten hätten. Sie wurden von Gläubigen geschrieben. Und unser Zeitalter hätte sie nicht hervorbringen können.

Nein! Der Verfall des alten Geistes der Weihnacht unter den Erwachsenen lässt sich nicht leugnen, und der Grund dafür liegt auf der Hand. Wir haben ihn den Mühen einer Anzahl Idealisten zu verdanken – Männern, denen Geld egal war, denen Ruhm egal war, für die nichts außer ihrem Ideal zählte. Ihr Ideal war es, die Wahr-heit über die Natur und die Geschichte des Menschen herauszufinden; und sie opferten alles – sie opferten den geistigen Frieden ganzer Generationen – der Freude, ihr brennendes Verlangen nach Wahrheit zu stillen.

Für sie war das Wichtigste auf der Welt die Befriedigung ihrer Neugier. Sie ließen nichts unversucht und lachten über die Konsequenzen. Sinnlos, ihnen zuzurufen: „Das ist heilig. Rührt es nicht an!" Ich meine die großen Philosophen und Männer der Wissenschaft – besonders die Geologen – des neunzehnten Jahrhunderts. Ich meine völlig vergeistigte Menschen wie Charles Lyell, Charles Darwin, Herbert Spencer und Thomas Huxley. Ob durch die Ablesbarkeit der Erd-geschichte in Gesteinsformationen, die Entdeckung der gemeinsamen Abstammung und allmählichen Veränderung der

Arten, die Anwendung dieser Lehre auf menschliche Kulturen und Staatsformen oder das Postulat der Abstammungslehre, wonach alle heute existierenden Pflanzen- und Tierarten im Verlauf der erdgeschichtlichen Entwicklung aus einfacher organisierten Vorfahren entstanden – diese vier Männer begründeten das mächtige Zeitalter des Zweifels und der Skepsis. Sie machten es unmöglich, noch an irgendetwas zu glauben, was vor ihnen niemand in Frage gestellt hatte. Ihre Lehren zogen immer größere Kreise, bis sich überall Unbehagen ausbreitete und die Menschen sich nur noch ängstlich im Reich des Denkens bewegten, wie in einem Land, das häufig Erdbeben erlebt. Es war, als hätten die Leute gesagt: „Wir wissen nicht, was als Nächstes einstürzen wird. Am Besten machen wir alles dem Erdboden gleich, dann werden wir uns sicherer fühlen."

Und dann kam der Augenblick, nach dem niemand mehr ein Bild der Geburt Christi auf die alte Weise betrachten konnte. Bilder der Geburt Christi wurden vielleicht noch ebenso bewundert wie früher, aber nun für die erlesene Schönheit ihrer Naivität, des Charmes, der von der Schlichtheit der alten Welt ausging, und nicht mehr als künstlerische Interpretationen eines Sachverhalts.

Ein Zeitalter der Skepsis hat, wie jedes andere Zeitalter auch, seine Mängel, obwohl gewisse Personen vom Gegenteil überzeugt sind. Dazu gezwungen, seinen Glauben an verschiedene angebliche Tatsachenbehauptungen zu verlieren, vermengt es Prinzipien und Ideale mit diesen angeblichen Tatsachen und beschließt kurzerhand, nun gar nichts mehr zu glauben. Es gibt den Glauben auf, es verachtet den Glauben, trotz der Warnung seiner Philosophen wie Herbert Spencer, dass irgendein Glaube erforderlich ist für eine befriedigende Existenz in einem Universum voller Probleme, von denen die Wissenschaft zugibt, dass sie sie niemals wird lösen können.

Niemand war bescheidener als die vorderste Front der Wissenschaftler, was die Schmalheit ihres Wissensbereichs anbelangte, verglichen mit der unermesslichen Weite des Glaubens. Aber die Warnung wurde ignoriert, wie es bei Warnungen fast immer der Fall ist. Geglaubt wird nur noch unter Vorbehalt. Auch Eigenschaften wie Begeisterung, Spontaneität, Schwärmerei und ganz allgemein der Selbstausdruck, die mit dem Glauben einhergehen, gelten nur noch unter Vorbehalt; Empfindsamkeit gilt als etwas dermaßen Entsetzliches, dass die Menschen sich sogar schon vor Gefühlen fürchten. Ihr heimlicher Aufschrei lautet: „Gebt uns etwas, woran wir glauben können."

Die Menschen vergessen in ihrer Verwirrung, dass die großen Prinzipien, geistig wie moralisch, davon gänzlich unangetastet bleiben. Sie vergessen, dass die Menschheit nach all den erschütternden Entdeckungen der Wissenschaft und den Schlussfolgerungen der Philosophie immer noch mit Würde in einer feindlichen Natur und in Gegenwart einer Macht bestehen muss, über die man nichts wissen kann, und dass die Menschheit dieser gewaltigen Herausforderung nur dann gewachsen sein kann, wenn sie sich im Glauben und im gegenseitigen Wohlwollen übt.

Sie vergessen, dass Tatsachen nichts sind, diese Prinzipien hingegen alles. Und so kommt schließlich die Zeit des Jahres, in der die Natur selbst die Situation der Menschheit im Universum und ihre sich daraus ergebenden Pflichten anerkennt. In dieser Zeit wehklagt die Menschheit, traurig und ungeduldig geworden oder zynisch: „Ach! Das Weihnachtsfest hat seinen tieferen Sinn verloren!"

Aber das Weihnachtsfest hat seinen tieferen Sinn nicht verloren. Und die Menschen wissen das. Irgendwo in einer zentralen und rätselhaften Kammer ihres Herzens wissen sie es. Wären sie nicht unbewusst davon überzeugt, weshalb sollten sie dann so mitleiderregend versessen darauf sein, den Geist der Weihnacht in sich und ihren Kindern am Leben zu erhalten? Offenbar erinnert sie ein grundlegender Instinkt daran, dass sie ohne den Geist der Weihnacht verloren wären. Die Formen des Glaubens wechseln, aber der Geist des Glaubens, der auch der Geist der Weihnacht ist, ist inmitten dieses ewigen Auf und Abs unsterblich. Durch die Krise der Veränderung wurde der Glaube für die Mehrheit geschwächt; für die Mehrheit scheint er tot zu sein. Dabei ist er in den Herzen der wenigen wirklich Großen und der einfachen Menschen bewahrt. Die wirklich Großen bewegen sich fernab der Mehrheit. Aber die einfachen Menschen kann jeder sehen, und wir ermutigen sie, oft ohne den Grund zu kennen, die Statthalter dessen zu sein, was wir nicht bewahren können, von dem wir aber vage empfinden, dass es für unsere Sicherheit unentbehrlich ist.

III.
Sonnenwende und Wohlwollen

Um zu erkennen, dass der Weihnacht eine Vorstellung von Glauben zugrunde liegt, die so lange Bestand haben wird wie der Planet, ist es lediglich nötig, folgende Frage zu stellen und zu beantworten: „Weshalb wurde das Weihnachtsfest auf den 24. Dezember gelegt?“ Es steht nämlich fest, und jede Person mit etwas Ahnung wird das auch zugeben, dass Jesus Christus nicht am 24. Dezember geboren wurde. Diese lästigen, leidenschaftlichen Wahrheitssucher, die uns nicht in unserer Unwissenheit verharren lassen wollen, haben den Tatbestand eindeutig geklärt, indem sie unter anderem darauf hinwiesen, dass der 24. Dezember mitten in der Regenzeit Palästinas liegt. Deshalb haben Schäfer zu dieser Zeit ihre Herden ganz bestimmt nicht nachts gehütet.

Die Christen feierten Weihnachten anfangs keineswegs alle zur gleichen Zeit. Manche feierten Weihnachten im Januar, andere im April, wieder andere im Mai. Schließlich einigten sie sich auf den 24. Dezember. So, wie sie klugerweise den Weihnachtsbaum von den römischen Saturnalien übernahmen, so übernahmen sie das Datum für ihr Fest vom universellen vorchristlichen Fest der Wintersonnenwende oder Yule. An diesem Tag feierte die Menschheit den Sieg der Sonne über die Mächte der Dunkelheit, wenn die Nächte kürzer und die Tage länger werden, wenn das Jahr wechselt und die Hoffnung wiedergeboren wird, weil das Schlimmste vorbei ist. Für ein Fest des Glaubens, des Wohlwollens und der Freude hätte man kein geeigneteres symbolisches Datum finden können. Und das Datum ist in diesem Zeitalter des elektrischen Lichts und der Zentralheizung noch ebenso perfekt gewählt wie zur Zeit Virgils, der übrigens schon einen Weihnachtsbaum beschrieb. Wir werden auch dieses Jahr wieder sagen, mit genau dem gleichen Unterton von Erleichterung und Hoffnung, der bereits bei unseren heidnischen Vorfahren anklang: „Die Tage werden jetzt wieder länger!" Denn obwohl wir oft fälschlicherweise annehmen, dass wir uns die Natur untertan gemacht haben, sind wir der Gnade der Natur doch so unabänderlich ausgeliefert wie immer.

Unsere moderne Haltung gegenüber den Naturkräften, die unsere Existenz beherrschen, sollte sogar von noch größerer Ehrfurcht und Ehrerbietung geprägt sein als die der früheren Welt – und ist es wahrscheinlich auch. Die Entdeckungen der Wissenschaft haben unsere Phantasie sofort beflügelt und uns gezwungen zuzugeben, dass wir nur einen Bruchteil wirklich wissen. Der Heide in seiner Unwissenheit konnte sich alles erklären. Unser Wissen hat das Geheimnis nur vertieft, und alles, was wir erfahren, wird es noch weiter vertiefen. Wir können die Sonnenwende erklären. Wir sind uns absolut sicher, dass die Sonnenwende, die Tagundnachtgleiche und die wechselnden Phänomene der Jahreszeiten sich der Tatsache verdanken, dass die Ebene des Äquators eine leichte Neigung gegenüber der Ebene der Ekliptik aufweist. Wenn wir im Herbst erstmals zum Mantel greifen und im Frühling den Kamin stilllegen, wissen wir, dass wir unser Leben auf diese leichte Neigung ausrichten. Und wir sind gebührend stolz auf unser Wissen. Aber wie viel Gutes erwächst uns schon daraus!

Nun, es erwächst uns einiges Gute daraus, selbst in geistiger Hinsicht, denn niemand kann mit der Astronomie herumspielen, ohne eine sich drehende Weltkugel vor sich zu sehen, die um einen Feuerball herum ihre Kreise im elementaren Raum zieht. Der Feuerball wiederum eilt mit all seinen Satelliten unvorstellbar schnell von Nirgendwo zu Nirgendwo. Zahlreiche Lebewesen klammern sich verzweifelt an die Oberfläche dieser rotierenden, sausenden Weltkugel. Diese Lebewesen streiten inmitten der katastrophalen Gefahr und den Zwillingsrätseln von Geburt und Tod, begegnen einander mit Hass und bezeichnen sich als Könige, Königinnen, Millionäre und schöne Frauen, als Aristokraten, Genies, Lakaien und Vorgesetzte!

Ihren größten Wert erhält die Astronomie vielleicht dadurch, dass sie dieser Vision eine lebendigere und ironischere Bedeutung verleiht und uns auf diese Weise die Wahrheit nahebringt, dass trotz aller Unterschiede, die wir erfunden haben, die Menschheit eine Gemeinschaft ist, überschattet von unlösbaren und beängstigenden Mysterien und abhängig vom gegenseitigen Wohlwollen und Vertrauen auf das Glück, das sie zu erringen hofft.

Vergessen wir nicht, dass Weihnachten unter anderem die Wintersonnenwende ist und dass die Wintersonnenwende ihren tieferen Sinn noch nicht verloren hat und ihn auch in absehbarer Zukunft nicht verlieren wird!

Da ist es schon seltsam, dass der einzige Glaube, der heutzutage wirklich wächst und gedeiht, der Glaube an die Idee der sozialen Gerechtigkeit sein soll. Soziale Gerechtigkeit bedeutet nämlich nichts anderes, als das Wohlwollen und die Anerkennung einer Familie der

Menschheit in die Praxis umzusetzen. Früher begeisterten sich die Menschen ganz selbstlos für eine theologische Idee, für eine nationale Idee, für eine politische Idee. Es gab unzählige Gläubige, die Dogmen vertraten; es gab Bürger einer großen Nation, die Regimenter ausstatteten und sich ins Verderben stürzten und dann eine kleine Nation vor dem Untergang retteten. Man sah Soldaten, die für ein Imperium ihr Leben ließen. Und jene, die das taten, hatten den schärfsten Verstand, die schnellste Auffassungsgabe und das größte Herz ihrer Zeit. Aber wenn man heute einer erstklassigen Person begegnet, die begeistert und selbstlos ist, kann man sicher sein, dass ihr Lieblingsplan weder theologischer noch militärischer oder politischer Natur ist; man kann sicher sein, dass im Kern ihrer Überlegungen steht, dass irgendwo eine Gruppe von Menschen nicht anständig behandelt wird, nicht im Sinne gemeinschaftlicher Interessen, und dass der Begeisterte entschlossen ist, die Angelegenheit zu korrigieren oder bei dem Versuch zu sterben.

In England sind fast alle interessanten Menschen Sozialreformer, und die einzigen gesellschaftlichen Kreise, in denen man sich nicht langweilt, in denen echte Gespräche stattfinden, sind die Kreise der Sozialreformer. Nur diese Menschen haben einen starken und überzeugenden Glauben. Ihr Glaube hat unter anderem auch viele Literaten ihrer Zeit bekehrt, mit dem Ergebnis, dass ein großer Teil der besten modernen phantastischen Literatur vom Traum der sozialen Gerechtigkeit inspiriert wurde. Entferne diese Idee aus den Werken von H. G. Wells, John Galsworthy und George Bernard Shaw, und es bleibt nichts übrig. Obwohl es den gegenteiligen Anschein hat, ist die Idee des universellen Wohlwollens also auf den Kontinenten dieses Planeten wahrhaft lebendig; sogar lebendiger als jede andere Idee. Die Durchsetzungskraft einer Idee hängt nämlich erheblich weniger von der Anzahl der Menschen ab, die für sie eintreten, als von der Qualität des Herzens und des Verstandes der Menschen, die für sie eintreten. Ob das Wachstum einer Idee sich der spirituellen Ehrfurcht und Demut verdankt, die sich mit zunehmender wissenschaftlicher Kenntnis einstellen, kann ich nicht sagen, und ehrlich gesagt, ist es mir auch ziemlich egal.

IV.
Die Bedeutung der Weihnacht

„Ja“, wirst du jetzt vielleicht sagen, „ich bin ganz Ihrer Meinung, was die große Bedeutung des Wohlwollens für die gesellschaftliche Existenz angeht, und ich vertraue ebensosehr darauf wie Sie. Aber weshalb ein Fest? Weshalb essen und trinken und Feierlichkeiten? Man kann doch auch einen Glauben haben, ohne Feste zu feiern?“

Die Antwort darauf lautet nein; jedenfalls ist es noch nicht vorgekommen. Eine Abneigung gegen Feste, morbide ängstliche Vorbehalte dagegen, sich gehen zu lassen, sind ein sicheres Anzeichen für fehlenden Glauben. Wenn du so wenig Begeisterung für Wohlwollen aufbringst, dass du nicht einmal bereit bist, diese Haltung zu feiern, ist dein Glaube unzureichend und muss durch Studium und Meditation genährt werden. Beschließt du beispielsweise, auf dem Fluss in deiner Gegend einen Segelklub zu gründen, ist dein erster Gedanke doch auch, deinen Glauben an den Erfolg dieser Idee durch ein Abendessen und entsprechende

Festivitäten zu bekunden, und anschließend sorgst du dafür, dass es ein jährliches Spektakel wird!

Du glaubst an deinen Partner und an deine Zuneigung zu deinem Gefährten. Damit du diesen Glauben nicht vergisst, brauchst du weiß Gott keine Feier. Aber du hältst eine ab! Du bestehst auf einer jährlichen Party. Und wenn die Feier nicht stattfindet, hängst du düsteren Gedanken nach und fühlst dich entmutigt. Ein Geburtstag dient dazu, sich offiziell und auf eindrucksvolle Weise zu erinnern, dass eine bestimmte Person noch am Leben ist und des Wohlwollens bedarf. Das Feiern bringt eine wertvolle und unentbehrliche Erfahrung zum Ausdruck.

Wahrer Glaube schäumt über; er verbreitet sich in alle Richtungen; er teilt sich mit. Und das unvermeidliche Ergebnis ist eine Feier. Die Feier wird voller Vorfreude begangen, und man erinnert sich ihrer voller Freude. Und so wird sie durch das angeregt und bringt das zum Ausdruck, was sie hervorrief, so wie die Lebenskraft der Kinder die der Eltern widerspiegelt. Sie bietet ein konkretes Symbol des Unsichtbaren und Ungreifbaren, und wir Menschen sind noch nicht so fortgeschritten auf dem Weg der spirituellen Vollkommenheit, dass wir es uns leisten könnten, auf solche konkreten Symbole zu verzichten.

Wenn wir allerdings zum bloßen Zeitvertreib oder aus einer persönlichen Vorliebe heraus Festlichkeiten und Formalitäten begehen, sollten wir dann vielleicht kein Fest feiern? Noch dazu ein rauschendes im Namen des Glaubens an das universelle Wohlwollen und gegenseitige Vertrauen, des Glaubens, der die Existenz des Menschen inmitten der Gefahren und Rätsel, die sie immer und ewig bedrohen, überhaupt erst rechtfertig und erträglich macht? Und wenn es schon ein Fest zu feiern gibt, weshalb sollte es dann nicht das Weihnachtsfest sein? Eigentlich kann es gar kein anderes sein. Weihnachten liegt einfach am nächsten. Es ist würdevoll, und die Traditionen, die weiter zurückreichen als das christliche Zeitalter, machen es kostbar. Es hat noch einen anderen großen Vorteil: Es existiert! Trotz unseres schwindenden Glaubens blieb es uns erhalten, und dabei ist es uns so nahe! Es ereignet sich nicht nur genau zu der Zeit, die ungezählte Generationen als Wende des Sonnenjahrs und Wiedergeburt der Hoffnung betrachtet haben! Es fällt auch unmittelbar ans Ende des Kalenderjahrs und bereitet uns so auf einen frischen Neuanfang vor. Es hätte kein besserer Zeitpunkt gefunden werden können. Außerdem ist der traditionelle weihnachtliche Geist des Friedens und Wohlwollens genau der Geist, den wir in uns aufbauen wollen.

Und dann sind da noch die Bräuche – gut geeignet, um den Geist der Weihnacht zu versinnbildlichen. Wenn das Verschicken der Weihnachtskarten für uns zu einer ermüdenden Verpackungsorgie ausartet, sind daran nicht etwa die Bräuche schuld, sondern wir selbst. Der Brauch ist immer großartig, solange wir genug Phantasie aufbringen, uns lebhaft zu erinnern, dass wir im selben Boot sitzen – ich meine, auf demselben Planeten leben – und uns verzweifelt an den fliegenden Erdklumpen klammern und unser tägliches Glück vom Wohlwollen eines anderen abhängig machen! Eine Weihnachtskarte, die ein Mensch einem anderen schickt, ist mehr als ein buntes Stück Papier, die ein Hohlkopf einem anderen schickt: Es ist eine inspirierende und beruhigende Botschaft von hohem Wert. Das Dumme ist nur, dass so viele Menschen von eigenen Gnaden nichts als Hohlköpfe sind, lediglich flott gekleidet.

Und dann haben wir noch den Brauch des Schenkens! Was für einen besseren und überzeugenderen Beweis der Anteilnahme gibt es als ein Geschenk? Das Geschenk ist eine dieser großartigen Erfindungen – wie das Rad oder der Hebel –, die das Leben auf Erden leichter machen und nichts von ihrem hohen Nutzen verlieren. Aber natürlich kann jede Erfindung durch

Unbeholfenheit oder Nachlässigkeit ihren Wert einbüßen. Es gibt einen Menschenschlag, der beim Thema Weihnachtsgeschenke gereizt aufstöhnt: „Ach! Ich weiß einfach nicht, was ich xy zu Weihnachten schenken soll! So ein Ärger! Ich werde ihm schreiben und ihn bitten, sich selbst etwas auszusuchen und mir die Rechnung zu schicken!“ Und das schreibt er ihm dann auch.

Und er ahnt nicht, was er in Wahrheit schreibt und was des Adressat in Wahrheit herausliest: „Lieber xy. Es bedeutet mir nichts, dass du und ich gemeinsam auf diesem Planeten leben und wir in mehrerer Hinsicht voneinander abhängig sind. Aber der Brauch zwingt mich, dir ein Geschenk zu machen. Ich interessiere mich allerdings nicht genug für dein Leben, um zu wissen, welchen Gegenstand du gern besitzen würdest; und ich möchte nicht die Mühe auf mich nehmen, es herauszufinden oder den Gegenstand für dich zu erwerben und ihn dir zu geben. Kaufe dir deshalb doch selbst etwas und schick mir die Rechnung. Natürlich wird dein Gespür für gesellschaftlichen Anstand verhindern, dass du einen größeren Geldbetrag ausgibst, und mir bleibt jede Anstrengung erspart, die über das Unterzeichnen eines Schecks hinausgeht. Der Deinige in Faulheit.“

Auf diese Weise wird der Vorgang des Schenkens eindeutig zu etwas Unangenehmem. Aber mit einfühlsamer Phantasie, die der wahre Glaube an das Wohlwollen unfehlbar hervorbringt, wird die Effektivität an ein Wunder grenzen.

Der weihnachtliche Brauch, sich mündlich nur das Beste zu wünschen, war nie in Gefahr, der Unaufrichtigkeit zum Opfer zu fallen. So groß ist die Macht der Tradition und so hoch der Wert des Festes und die instinktive Verbundenheit des Volkes, dass an diesem Tag der Anblick eines Bekannten die Stimme noch des größten Skeptikers und Griesgrams, den das Zeitalter der Desillusionierung hervorgebracht hat, dämpfen und sein Herz erwärmen wird. Ob Griesgram oder nicht, innerlich flackert wieder der Glaube auf, wenn auch nur für einen Moment. Und in diesem Moment ist es fast so, als stünden wir vor einem, dessen festen Glauben das Zeitalter nie zu beflecken vermochte, wie beim Herausragenden und beim Einfältigen, vor denen man die Weihnacht nicht rechtfertigen muss und denen man sie auch nicht zu erklären braucht.

V.
Zur Verteidigung der Maßlosigkeit

Und nun höre ich schon den überheblichen Skeptiker, der verächtlich fragt: „Ja, aber was ist mit der weihnachtlichen Orgie? Was ist mit der ganzen Völlerei und dem Gesaufe?“ Worauf ich nur antworten kann, dass der Glaube schon immer mit Ausdehnung und Freude einherging, und dass die Freude schon immer aus gutem Grund mit der Völlerei verbunden war. Die Worte ‘Fest’ und ‘Festlichkeit’ lassen sich von ihrer Grundbedeutung her nicht trennen. Die Mahlzeit ist das regelmäßigste und unentbehrlichste tägliche Ereignis. Es ist zufällig auch ein Ereignis, das an sich schon eine Quelle des Vergnügens oder schlimmstenfalls der Befriedigung darstellt: Und es wird diese kostbare Eigenschaft behalten, solange unsere Seelen in Körpern eingeschlossen sind. Was könnte daher natürlicher sein, als die Mahlzeit als das Herzstück der Festlichkeit anzuerkennen, zu würdigen und zu ehren? Was wäre logischer, als das Weihnachtsfest zu einer Festlichkeit zu erheben?

„Aber“, ruft da der überhebliche Skeptiker, „diese Vorstellung enthält die Sünde der Maßlosigkeit!“ Und wenn schon! Das will ich gar nicht leugnen! Gewiss bedeutet Festlichkeit mehr als genug, und mehr als genug bedeutet Maßlosigkeit. Nur weil eine Festlichkeit maßlos ist, zieht sie Kreise und bringt Freude. Das entspricht der menschlichen Natur, und die menschliche Natur ist hier unser Thema. Natürlich fordert die Maßlosigkeit gewöhnlich innerhalb von vierundzwanzig Stunden ihren Tribut, besonders vom Schwachen. Aber der Nutzen, den man aus bestimmten Maßlosigkeiten zieht, ist den Preis wert. Der Körper zahlt nur die Schuld ab, die die Seele auf sich lädt. Eine gelegentliche Änderung der Gewohnheit ist wichtig für das Wohlbefinden, und jede Gewohnheitsänderung führt zu vorübergehenden Störungen und Unannehmlichkeiten.

Verstehe mich nicht falsch. Treibe meine Überlegungen zur Völlerei nicht weiter, als ich es tue. Wenn ich Völlerei oder Maßlosigkeit verteidige, die oft mit einem anständigen Fest einhergehen, will ich nicht darauf hinaus, dass Weihnachtsfeiernde in einem öffentlichen Restaurant Champagner trinken sollten, bis sie für die Kellner, die eigens aus der Schweiz angereist kamen, um ihre Trinkgelder zu kassieren, zu Objekten des Abscheus und der Verachtung werden. Noch weniger will ich rechtfertigen, wenn sie bei sich Zuhause zu erbärmlichen Schweinen werden. Ich würde sie auch nicht voller Mitgefühl ins Bett bringen. Es gibt so etwas wie Mäßigung und Würde. Jeder Weise hat das schon einmal praktiziert. Und die, die es nicht praktiziert haben, sind Narren und verdienen es sogar, bei noch gröberen Namen genannt zu werden. Am Besten sollten sie einen eigenen Planeten bevölkern.

Aber auch die Freuden des Festes sind maßlos. Zum Beispiel das zerbrechliche Päckchen, das es erforderlich macht, mit deinem Gegenüber am Tisch ein Tauziehen zu veranstalten, bevor es mit einem Knall wie von einem lauten Pistolenschuss zerreißt. Du fingerst in deiner Päckchenhälfte herum und ziehst irgendeinen holprigen Vers heraus, den du laut vorliest, und dazu einen vollkommen idiotischen bunten Hut, den du aufsetzt, nur um albern auszusehen. Und diese Festlichkeit wird dann fortgesetzt, bis der ganze Tisch von lächerlichen Kopfbedeckungen umgeben ist und auf jedem Teller holprige Verse liegen. Kein Mann, der recht bei Trost ist, geschweige denn eine Frau, würde so etwas tun.

Aber einer der spirituellen Vorteile eines solchen Festes besteht darin, dass es das Bewusstsein weit über jeden gesunden Menschenverstand hinaus erhebt. Eine

Maßlosigkeit führt zur nächsten und zu einer noch größeren. Dieses Preisgeben an die Lächerlichkeit tut gut. Besonders den Engländern tut es gut, die so reserviert und beherrscht sind, dass selbst ihre Seelen sich versteifen könnten, wie sich die ungenutzten Gliedmaßen eines indischen Fakirs versteifen, gäbe es nicht die regelmäßigen Reizungen des Weihnachtsfestes. Jeder hat schon einmal das kurze Zögern erlebt, bevor er sich den Partyhut aufsetzt, und die Erleichterung, Freude und Begeisterung danach. Jeder, der schon einmal an einer solchen Party teilnahm, ist sich bewusst, dass es gut ist, sich den Hut aufzusetzen. Abgesehen davon, dass dadurch der rätselhafte und phantasievolle Menschenschlag der Kinder besänftigt und befriedet wird, läutert diese bezaubernde Maßlosigkeit die Seele des Hutträgers.

Und dann erst der Baum! Was für eine Maßlosigkeit der Phantasie, so zu tun, als wären all die glitzernden Kugeln, brennenden Kerzen und bunt eingeschlagenen Päckchen die Blüten dieses absurden Baums! Wie unglaublich grotesk, den ganzen Schmuck an Zweige zu binden, um ihn dann wieder abzunehmen! Zweifellos könnte man sich etwas weniger Mittelalterliches, Einfallsreicheres und Moderneres einfallen lassen, wenn man sich etwas mehr Symbolismus leisten würde! Fällt dir etwas ein, o du Skeptiker, der du in der Desillusionierung schwelgst? Kannst du dir ein natürlicheres und anmutigeres Symbol vorstellen als das des Baums? Vielleicht würdest du dir einen Ladentisch ausdenken, mit Regalen dahinter, um dem kindlichen Gemüt schon früh einzuflößen, dass dies ein Planet des Handels ist! Vielleicht würdest du das Singen von Weihnachtsliedern abschaffen, und stattdessen müsste man Auszüge aus der Autobiografie Benjamin Franklins vortragen!

Vielleicht würdest du an die Stelle des Festtagsschmucks Spruchbänder mit chemischen Formeln setzen, weil du dich dem Fortschritt der Wissenschaft verschrieben hast! Vielleicht würdest du dem orgiastischen Essen und Trinken ein Ende bereiten und dafür ein offizielles Gespräch über Astronomie und die Idee der Brüderlichkeit vorschreiben, während man sich an klar abgemessenen Rationen Reispudding labt! Auf diese Weise würdest du ein originelles Fest erfinden und jede Angst vor einem missgestimmten Morgen auslöschen. Du würdest den Verstand schärfen. Und du würdest das Lächerliche meiden. Aber gerade dadurch, dass du das Lächerliche meidest, würdest du tief und hoffnungslos im Sumpf der Lächerlichkeit versinken! Und stell dir vor, wieviel Vergnügen dein überaus originelles Fest den Teilnehmern bereiten würde. Wie sie ihm entgegenfiebern und mit freudigem Bedauern darauf zurückblicken würden; wie ihre Gedanken sich voller Genuss mit der Aussicht auf Reispudding beschäftigen würden, und wie der intellektuelle Anreiz des offiziellen Gesprächs ihren Glauben stärken würde!

Wer einem alten, etablierten Fest geringschätzig gegenübersteht, sollte über einige offensichtliche Wahrheiten nachdenken, bevor er das Fest mit dem Sandsturm seiner Verachtung überzieht: Erstens, ein Fest, auch wenn es auf Intelligenz beruht, ist keine Frage des Intellekts, sondern eine der Emotionen. Zweitens, die menschliche Seele kann nur durch den menschlichen Körper erreicht werden. Drittens ist es unmöglich, ein altes Fest durch ein neues zu ersetzen.

Dies versuchte einst Robespierre, ein radikal gesonnener französischer Revolutionär, und das Ergebnis war absurd. Reformer und Boten eines neuen Glaubens haben sich, wenn es ihnen gelang, einen neuen Geist zu verbreiten, der den alten Geist ablöste, immer damit zufriedengegeben, ein altes Fest mit all seinen Formen oder doch wenigstens den meisten Formen zu übernehmen. Jeder, der überzeugt ist, dass Weihnachten nicht mehr das ist, was es einmal war, und doch den Eindruck hat, dass es bewahrt werden muss, wird gut daran tun, diesem Beispiel zu folgen. Sich mit den alten

Formen zufriedenzugeben und sie zu beleben: Das ist die Aufgabe. Löse sie, und die Formen werden beginnen, sich wie von selbst zu einem Prozess der Neubelebung anzuordnen. Die gesamte Menschheitsgeschichte zeugt davon.

VI. Die Neubelebung des Fests

Wenn wir uns darin einig sind, dass das Weihnachtsfest einen großen Teil seiner alten Lebendigkeit verloren hat und für viele Menschen ein Quell der Langeweile und der Inbegriff der Unaufrichtigkeit geworden ist; und wenn wir uns dann noch darüber einig sind, dass sich das Problem nicht einfach dadurch lösen lässt, dass wir das Fest abschaffen, weil es eigentlich niemand abschaffen will; dann bleibt einzig und allein die Frage: Was sollte geschehen, um es neu zu beleben? Der frühere Geist des Glaubens, der Geist, der im Goldenen Zeitalter die große Weihnacht ausmachte, ist geschwächt, aber etwas davon – etwas, das auf der Überzeugung gründet, Wohlwollen unter den Menschen sei die Mindestvoraussetzung für ein vernünftiges Leben – hat mit einer gewissen Hartnäckigkeit überdauert, auch wenn es dem allgemeinen Skeptizismus der Zeit nicht entrinnen konnte. Dieses Element eint einvernehmlich alle kampflustigen Anhänger, die sich gegen die übrigen Elemente des früheren Glaubens verbünden.

Dieses Element kennt keine Feinde. Niemand wird seinen anhaltenden Wert leugnen.

Deshalb besteht der richtige Weg sicherlich darin, das beschriebene Wohlwollen zu kultivieren. Lässt sich das Wohlwollen bewusst steigern, wird das Weihnachtsfest nicht länger eine Farce sein. Es wird eine frische und ernste Bedeutung annehmen, die denen, die nie von der alten Bedeutung lassen konnten, nicht lästig fallen wird. Keine Tradition wird über den Haufen geworfen, kein Schock ausgelöst werden, und niemand wird über Bilderstürmerei, neumodische Gedanken, das jähe Ende der Welt und derlei mehr schwafeln können.

Die Phantasie zahlreicher Menschen wird augenblicklich eine großartige internationale Gesellschaft zur Wiederbelebung der Weihnacht durch die Kultivierung des Wohlwollens ins Leben rufen, mit Niederlassungen in allen größeren Städten Europas und Amerikas und natürlich auch einem Hauptquartier in Den Haag; mit Ausschüssen und Unterausschüssen und Präsidenten und Vizepräsidenten; mit ehrenamtlichen und bezahlten Sekretären; mit vierteljählichen und jährlichen Treffen und solchen, die alle drei Jahre stattfinden; und ein oder zwei literarischen Sprachrohren; und einem Abzeichen, natürlich einem Abzeichen, das ein berühmter Künstler in harmonischen Farbtönen entwirft!

Aber meine Phantasie läuft keineswegs in diese Richtung. Ich bin überzeugt, dass wir schon zu viele Gesellschaften zur Unterstützung unserer Absichten haben. Meiner Meinung nach sind die meisten Gesellschaften mit einer moralischen Zielsetzung lediglich unbeholfene Maschinen zur Ausübung einfacher Jobs mit einem Maximum an Reibung, Kosten und Ineffizienz. Die Mehrheit dieser Gesellschaften lässt sich als eine Gruppierung betrachten, bei der jeder Teilnehmer von den anderen erwartet, dass sie etwas Wundervolles vollbringen. Weshalb eine Gesellschaft gründen, die einem hilft, etwas zu leisten, was niemand außer einem selbst zu leisten vermag? Keine Gesellschaft kann in einem Menschen Wohlwollen kultivieren. Du könntest ebensogut eine Gesellschaft für das Rasieren oder das Aufsagen deiner Gebete gründen. Und außerdem werden durch Wohlwollen keineswegs Leistungen vollbracht, es behandelt sich vielmehr um eine geistige Qualität. Ist es zum Denken erforderlich, sich auf das Räderwerk einer Gesellschaft einzulassen?

Mehr noch, eine Gesellschaft bedeutet Hektik und Gebrüll: zwei Arten der Störung, die jede für sich sinnlos und schädlich sind – besonders in moralischer Hinsicht.

Am Besten kannst du zur allgemeinen Kultivierung des Wohlwollens beitragen, indem du Wohlwollen in deinem Herzen kultivierst. Solange du mit der persönlichen Kultivierung nicht begonnen hast, wirst du vermutlich annehmen, dass noch genügend Zeit bleibt, sich auch um die Kultivierung des Wohlwollens in den Herzen anderer zu kümmern. Es ist wenig Erfahrung nötig, um sich klar zu machen, dass das ein Irrglaube ist. Du wirst, wenn nicht sofort, dann später, erkennen, dass du gerade so viel abgebissen hast, wie du schlucken kannst. Und außerdem wirst du die Weisheit erlangen, dein Unternehmen nicht an die große Glocke zu hängen. Weshalb solltest du auch nur einer einzigen Menschenseele etwas von deinen bewundernswerten Absichten verraten? Sei gewiss, dass es den Personen, die es angeht, nicht lange verborgen bleiben wird, wenn die ersehnte Saat des Wohlwollens aufgeht.

Der nächste Punkt ist: Wem gegenüber willst du eigentlich Wohlwollen zeigen? Natürlich würde man antworten: Gegenüber der gesamten Menschheit. Aber die gesamte Menschheit bildet in Bezug auf dich eine ziemlich abstrakte Größe. Und es ist weiß Gott nicht einfach, einer abstrakten Größe Wohlwollen entgegenzubringen. Der Gegenstand deines Wohlwollens sollte klar umrissen und dem physischen Auge zugänglich sein, besonders bei Menschen wie uns, die gerade erst anfangen, der Kultivierung des Wohlwollens ebenso viel Aufmerksamkeit entgegenzubringen wie unserer Kleidung oder unserem Wein. Macht sich ein Neuling daran, die gesamte Menschheit mit seinem Wohlwollen zu umfangen, wird er noch weniger Erfolg haben als ein junger Mann, der sich in vier Schwestern auf einmal verliebt. Und die Gefährten seines Alltags – die miterleben, wie er sein Frühstück zu sich nimmt, seine Stiefel schnürt und seinen Lebensunterhalt verdient – werden es wahrscheinlich ziemlich schwer mit ihm haben.

Nein! Es wird am Besten sein, wenn du deine Bemühungen auf eine recht kleine Gruppe von Menschen konzentrierst und den Rest der Menschheit so weitermachen lässt, wie es ihm beliebt, mit der gleichen Menge an Wohlwollen wie bisher. Wählst du die kleine Gruppe von Menschen, brauchst du nicht nach Timbuktu zu gehen oder in die nächste Straße oder ins nächste Haus. Außerdem wirst du in dieser Gruppe von Menschen gut beraten sein, dich zunächst auf ein Mitglied zu konzentrieren. Auf deine Frau, wenn du verheiratet bist, oder auf deinen Mann? Nicht unbedingt. Ich würde dir zu dem raten, der dich am meisten ärgert. Das kann dein Mann sein oder deine Frau. So etwas kommt vor. Vielleicht ist es sogar dein Butler. Oder du bist selbst der Butler. Es könnte auch deine Tochter sein oder dein Vater, und vielleicht bist du ein bezauberndes Mädchen von siebzehn Jahren, das alles weiß und klüger ist als sonst jemand. Wer auch immer dich immer wieder reizt, such dir gezielt diese Person aus.

Die Häufigkeit eurer Reibungen wird dir zeigen, wie klug es von dir war, nicht die gesamte Menschheit auf einmal verbessern zu wollen. Außerdem wirst du feststellen, wie gut du beraten warst, deine Absichten nicht allgemein publik zu machen. Wenn niemand sich deiner Zielsetzung bewusst ist, bekommt auch niemand dein Scheitern mit. Deine Erfolge werden mühelos erscheinen, und – was am Wichtigsten ist – du wirst nicht dem schrecklichen Fluch der Gehemmtheit unterliegen. Darin liegt einer der wesentlichen Vorteile, wenn man sich kein Abzeichen ans Revers heftet.

Letzten Endes wirst du die Genugtuung verspüren, dass alle anderen, wenn sie deinem Beispiel folgen, ebenfalls zum Wohl der Menschheit beitragen. Und der Gedanke wird dich trösten, dass dir sehr wahrscheinlich, sogar mit größter Sicherheit, eine beträchtliche Anzahl von Menschen nacheifern wird; von denen es manche sogar etwas besser machen werden als du. Und damit komme ich nun zu der eigentlichen Methode, wie man Wohlwollen kultiviert.

VII.
Sich selbst verschenken

Kinder teilen ihre erwachsenen Bekannten in zwei Kategorien ein: in jene, die das absonderliche und anstrengende Abenteuer namens Leben gemeinsam mit ihnen bestreitet, und in jene, die das nicht tut. Die überwiegende Mehrheit gehört der zweiten Kategorie an. Zu ihr gehören sehr viele Menschen, die der Auffassung sind, zur ersten zu gehören. Sie mögen sich darin täuschen, aber das Kind können sie nicht täuschen. Sie können zwar mühelos die Leichtgläubigkeit von Kindern in Tatsachenfragen auf die Probe stellen, ihrem moralischen und gesellschaftlichen Urteil hingegen können sie kein Schnippchen schlagen. Sie werden dich durchschauen, wie sie jeden durchschauen, und sie werden dein Verhalten nach ihren eigenen Grundsätzen und schrecklich unvoreingenommen beurteilen. Eltern haben keine strengeren und schärferen Kritiker als ihre Kinder.

Und wenn du noch so höflich zu Kindern bist und vorgibst, ihre Sichtweise zu schätzen, erst wenn du dir wirklich die Mühe machst, sie zu verstehen, erst wenn du dich kraft deiner Phantasie voll und ganz in ihre Welt begibst, wird es dir gelingen, ihr Freund zu werden. Ihr Freund zu werden geht nicht ohne große Anstrengungen deinerseits, es geht nicht, wenn du nicht bereit bist, eigene schlechte geistige Gewohnheiten abzulegen und vorübergehend ihre zu übernehmen. Und keine schönen Worte, keine Geldgeschenke, Süßigkeiten oder Spielzeuge können diese Anstrengungen und diese Aufopferung deiner selbst ersetzen. Durch fünf Minuten aufrichtiger Hingabe kannst du mehr von ihrem Respekt und ihrer Dankbarkeit gewinnen, als fünfhundert britische Pfund dir erkaufen könnten. Kinder verstehen unter wahrem Wohlwollen das phantasievolle Teilen von Gefühlen, ein überzeugtes Anteilnehmen an ihren Schmerzen und Freuden. Sie sind sich sehr bewusst, dass du, wenn du dich offen und ehrlich darauf einlässt, auf ihrer Seite stehst.

Nun sind Erwachsene natürlich enorm kluge und gebildete Personen, und Kinder können darin nicht mithalten. Dennoch scheint es den Erwachsenen trotz all ihrer Talente, ihrer Allwissenheit und Macht an wichtigen Wissensbereichen zu fehlen, über die Kinder verfügen; sie scheinen ihre kindlichen Erlebnisse vergessen zu haben und keinen Nutzen mehr daraus zu ziehen. Weshalb sollten Erwachsene sonst im Allgemeinen dermaßen wenig über die große Wahrheit wissen, dass das Geheimnis des Wohlwollens im mitfühlenden Gebrauch der Phantasie liegt?

Bekanntlich ist Wohlwollen das Geheimnis menschlichen Glücks; daraus folgt, dass das Geheimnis des Wohlwollens für empfindsame Menschen zum kostbarsten Rüstzeug überhaupt gehört; und doch haben die Erwachsenen, obwohl sie es einmal wussten, das schlichtweg vergessen! Man kann zur Entschuldigung der Kinder anführen, dass sie untrüglich offenlegen, wie wenig die Verhaltensweise der Erwachsenen und ihre launische Unvernunft in der Lage sind, an dieses unmittelbare Wissen anzuknüpfen.

Willst du gegenüber deinen Mitgeschöpfen mehr Wohlwollen aufbringen, brauchst du dich nur an ihre Stelle zu versetzen, nichts anderes ist erforderlich. Das ist keine geringe Leistung, aber sie lässt sich erbringen. Manche Menschen verfügen über weniger Phantasie als andere, doch niemandem fehlt sie ganz, und wie bei allen anderen Fähigkeiten nimmt sie mit dem Gebrauch zu, so wie sie durch Vernachlässigung schwindet. Phantasie ist eine Funktion des Gehirns.

Damit du Wohlwollen gegenüber jemandem aufbringen kannst, musst du oft an ihn denken. Du musst dich über all seine Aktivitäten informieren. Du musst in der Lage sein, ihn vor deinem geistigen Auge Stunde um Stunde den ganzen Tag zu begleiten, und du musst in Erfahrung bringen, ob es ihm nachts gut geht. Das ist kein Kinderspiel. Du musst über seine Existenz mit der gleichen Anteilnahme nachdenken, mit der du über deine eigene nachdenkst. (Warum auch nicht?)

Das heißt, du musst dein volles Augenmerk auf seine Schwierigkeiten, Enttäuschungen und Missgeschicke richten und sein Unglück möglichst gering halten. Du musst sein Streben nach Rechtschaffenheit so gut es geht unterstützen und seine Fehler übersehen. Du darfst nie vergessen, dass er an seinen charakterlichen Schwächen schließlich nicht schuld ist, da sich diese Schwächen bei ihm wie bei dir teils der Erbmasse und teils dem Milieu verdanken. Und vor allem musst du ihm seine guten Absichten immer hoch anrechnen. Handelst du nicht ebenfalls, wenn auch manchmal irrtümlich, immer im besten Glauben? Du weißt, dass es so ist! Und bist du etwa der einzige Rechtschaffene unter den Sterblichen?

Diese geistige Übung, sich zu einer anderen Person ins Verhältnis zu setzen, braucht Zeit und kostet sehr viel Kraft. Ich wiederhole, sie ist alles andere als leicht. Und sie ist auch nicht immer angenehm. Du könntest beispielsweise feststellen, dass es ermüdend ist, sich in lebendiger Detailtreue all die Sorgen auszumalen, die dazu geführt haben, dass deine Frau schlecht gelaunt ist: eine nachlässige Putzhilfe, ein unehrlicher Ladenbesitzer, eine Fahrt bei schlechtem Wetter, ein nörgelnder Ehemann, Schmutz, wo er nicht hingehört. Aber wenn du dich bemühst, garantiere ich dir, dass du nie mehr in dem Tonfall mit deinem Partner sprechen wirst, in dem du deinen Ärger über ihn zum Ausdruck gebracht hast. Außerdem garantiere ich dir, dass du nicht unzufriedener mit dir sein wirst als früher. Es steht außer Frage, dass eine solche Phantasieübung über jemanden nie ein anderes Ergebnis zeitigen wird als Wohlwollen gegenüber dieser Person.

Die Übung könnte dir einiges abverlangen, aber dass sie Wirkung zeigt, ist eine wissenschaftliche Tatsache. Sie ist die Übung mit dem höchsten gesellschaftlichen Rang, weil sie von einem verlangt, dass man sich in einem äußerst intimen und umfassenden Sinn hingibt. Sie verlangt von einem, dass man seine Individualität für einen anderen aufgibt. Sie etabliert eine neue Geisteshaltung, die vielleicht durchaus zu bestimmten gesellschaftlichen Handlungen führt, im Grunde aber kostbarer ist als jede Einzelhandlung, weil sie sich in eine ständige Verhaltensweise übersetzt.

Der Kritiker mit dieser schrecklichen Eigenschaft der Engländer, einem übertriebenen Hang zum Lächerlichen, wird an dieser Stelle vermutlich lächelnd einwenden: „Ich nehme an, es wird der Zeitpunkt kommen, an dem ich kraft regelmäßiger täglicher Übung das absolute Wohlwollen gegenüber dem ersten Gegenstand meiner Aufmerksamkeit erreicht habe. Dann kann ich diese Person als 'erledigt' ansehen. Ich kann sie ins Regal stellen und mich der nächsten zuwenden. Und am Ende werden alle meine Verwandten, Freunde und Bekannten ›erledigt‹ sein, und ich kann sie im Geiste voller Stolz und Genugtuung besichtigen, wie sie dort im Regal nebeneinander aufgereiht stehen."

Ich habe nichts dagegen, wenn man den Fall auf diese Weise betrachten will, außer dass kein Mensch jemals ganz „erledigt" sein wird. Das verhindert schon die menschliche Natur, das Menschsein an sich, trotz der jüngsten Fortschritte, die die Zivilisation gemacht hat. Der Ehrgeizige und Entschlossene mit einem übertriebenen Hang zum Lächerlichen würde nichts Lächerliches darin sehen, einige Dinge auf diese Weise erfolgreich „abzuhaken".

Er weiß: Will jemand mehrere Fremdsprachen lernen, wird er nur Erfolg haben, wenn er sein Gehirn trainiert, indem er sich täglich darauf konzentriert. Er weiß auch, dass man sich eine Fremdsprache nie in völliger Perfektion aneignen kann. Dennoch würde er die Sprache bis zu einem gewissen Grad erlernen und sich erst dann der nächsten auf der Liste zuwenden. Ganz gewiss ist nichts Schändliches dabei, sich einer solchen Methode zu bedienen.

Nun kann alles, was über den Erwerb von Fremdsprachen gesagt wurde, auch über den Erwerb von Wohlwollen gesagt werden. Will man die Unzulänglichkeiten des Herzens und des Charakters beheben, wie man die Unzulänglichkeiten bloßen Wissens beheben will, ist das Gehirn das einzig mögliche Werkzeug, und die besten Ergebnisse werden erzielt, wenn es regelmäßig und auf wissenschaftliche Weise, nach einer geregelten Methode, eingesetzt wird. Ist also jemand auf eine bestimmte Methode stolz, mit der er sein Wissen verbessern kann, weshalb sollte er dann einen willentlichen Plan zur Verbesserung seiner Herzensangelegenheiten lächerlich finden – zumal Herzensangelegenheiten erheblich wichtiger, dringender und schwieriger sind? Der Leser, der auch nur eine einzige gute Antwort auf die gestellte Frage findet, braucht dieses Buch nicht weiterzulesen, weil ich dann verdammt sein will.

VIII.
Das Fest des Heiligen Freundes

Die von mir umrissene gesellschaftliche Selbstdisziplin wird ganz unterschiedliche Folgen haben. Eine der ersten wird der allmähliche Niedergang und letztliche Tod der überheblichen Person in unserem Innern sein. Es stimmt, dass der Überhebliche in uns neun Leben hat und im Stande ist, sich noch nach den tödlichsten Schlägen wieder aufzurappeln. Aber der Überhebliche (und wer unter uns birgt nicht diesen düsteren Mit-bewohner in sich?) wird eine sehr schlechte Zeit haben, wenn unsere Seele sich ständig im einfühlsamen Ver-stehen anderer übt.

Zunächst einmal erstickt das Einfühlen in andere während der Dauer der Übung den Egoismus im Keim und lässt ihn später geschwächt zurück. Und zum anderen, was noch wichtiger ist, zerstört ein besseres Verständnis für andere (also ein gesteigertes Mitgefühl) die weit verbreitete Illusion, dass der eigene Fall einzigartig sei.

Das freundschaftliche Studium seiner Nachbarn auf dem Planeten zeigt unweigerlich, dass überall immer die gleichen Schwierigkeiten, die gleichen inneren Kräfte, die gleichen Intelligenzleistungen, die gleichen Erfolge und das gleiche Scheitern auftreten. Man kann sich sogar selbst in fast allen anderen wiederfinden, und besonders hart trifft es einen dann, wenn man erkennt, dass sich die Eigenschaft, auf die man am stolzesten ist, gleich massenweise in der ganzen Menschheit findet! Nur wenn man voller Mitgefühl über andere nachdenkt, sieht man sich selbst objektiv. Doch die meisten Menschen denken nicht nach.

Ein weiteres Ergebnis von Disziplin ist ein enorm gesteigertes Interesse an seinen Freunden. Man betrachtet sie fast wie eine Art Eigentum, weil man durch seine Phantasie mitfühlend in ihren Besitz gelangt ist. Außerdem hegt man für sie dieses Gefühl von Zärtlichkeit, das sich immer dann einstellt, wenn man jemanden einen Gefallen erwiesen hat, besonders, wenn es im Verborgenen geschehen ist. Der Wohltäter, nicht der Beschenkte, ist dankbar. Die Wohltat, die geleistet wurde, ist nämlich ein Geschenk – man selbst hat sich verschenkt. Die sich daraus ergebende Emotion ist unabhängig von jeder Sympathie, die dem anderen entgegengebracht wird; und wo die Sympathie beiderseitig ist, bekommt Freundschaft eine neue Bedeutung. Die Übung des phantasievollen Einfühlens wird dich dazu bringen, selbst einen Verwandten als Freund zu betrachten – eine erstaunliche Leistung! Das bringt neue Aufregung und Zerstreuung in dein Leben.

Bricht der Monat Dezember an, wird das Gefühl von Überdruss und Sorge angesichts der Schwierigkeit, Geschenke zu finden, die den Freunden auch gefallen, künftig ausbleiben. Es wird sicher nicht mehr nötig sein, aus schierer Gleichgültigkeit und Unwissenheit Freunde aufzufordern, sich ihr Geschenk selbst auszusuchen. Im Gegenteil, du wirst insgeheim mit der Situation eines Freundes, seinen Wünschen und Sehnsüchten, so vertraut sein, dass sich dir zahlreiche Möglichkeiten gleichzeitig anbieten werden, wie du diesem Freund eine Freude bereiten kannst. Und wenn solche Freunde schließlich das ausgewählte Geschenk bekommen, werden sie überzeugt sein – was dem Schenkenden immer schmeichelt –, dass sie Gegenstand seiner besonderen Aufmerksamkeit und Fürsorge waren.

Und wenn dann die Grußkarten verschickt sind, werden die formelhaften Redewendungen in dem Bewusstsein empfangen, dass der Absender sie wirklich ehrlich meint. Sie werden eine enorme Kraft entfalten, als hätte der Absender mit unsichtbarer Tinte geschrieben: „Du bist mir in den vergangenen zwölf

Monaten nicht aus dem Sinn gegangen; ich glaube, ich verstehe deine Probleme, und niemand weiß deine Bemühungen besser zu würdigen als ich, und so entbiete ich dir heute mit viel Mitgefühl, aus echtem Wissen geboren, die besten Wünsche. Ich habe mir so meine Gedanken gemacht, welche die besten Wünsche für dich sein könnten, und äußere sie mit entsprechendem Nachdruck. Meine besten Wünsche sind nicht profan und oberflächlich."

Und am Festtag selbst hast du dann das Gefühl, dass du tatsächlich etwas zu feiern hast. Das Ereignis hat eine Grundlage bekommen, die es vorher vermutlich nicht hatte; und gab es schon eine Grundlage, so ist sie nun breiter und ausgeprägter. Das Fest wird zum öffentlichen Höhepunkt eines privaten Unternehmens. Du wirst nicht nur an das Wohlwollen zu Weihnachten erinnert, denn das Unternehmen des phantasievollen Einfühlens hat dich das ganze Jahr über jeden Tag beschäftigt; Weihnachten bietet dir nun eine Möglichkeit, über den Erfolg des Unternehmens Genugtuung zu empfinden, und ruft neue Begeisterung in dir wach, die dich anspornt, noch mehr richtig zu machen.

Die Symbolik der Weihnacht zur Jahreswende erhält eine zusätzliche Bedeutung. Alle weihnachtlichen Bräuche, die in der Brust des wenig Einfühlsamen stets Ärger hervorrufen, werden mit Überschwang akzeptiert, sogar mit Begierde, weil auch ihre Symbolik in einem klareren Licht erscheint. Weihnachten wird zu etwas ebenso Persönlichem wie dein Geburtstag. Man isst und trinkt im Überfluss, nicht weil es ein Brauch ist, maßlos viel zu trinken und zu essen, sondern aus der tiefen Begeisterung für eine Idee.

Und wenn du mit deinen Freunden zusammensitzt und sie in die geheime Kammer deines Herzens einlässt, erfüllt von einem Gefühl des unwillkürlichen Verständnisses für dieses gewaltige Abenteuer der Existenz auf einem Planeten, der für immer durch die Nacht des Weltraums eilt, tief überzeugt davon, dass einzig Kameradschaft und gegenseitiges Verstehen dieses Abenteuer angenehm machen – durchzuckt dich die Erkenntnis, dass Weihnachten, was auch immer es sonst sein mag, das Fest des Heiligen Freundes und schon deshalb ein ganz besonderer Tag im Jahr ist und sein muss.

Die dritte und großartigste Folge der systematischen Kultivierung von Wohlwollen wird nun erstaunlich klar. Es wäre nicht ratsam gewesen, sie früher schon so deutlich beim Namen zu nennen; deshalb habe ich davon bewusst Abstand genommen. Es macht einen glücklicher. Das Wachstum einer tiefen Freundschaft, die Verminderung von Groll und Ärger, die beständige Aufrechterhaltung einer wohlwollenden Haltung gegenüber der Menschheit, diese Dinge sind der sicherste Weg zum Glück. Und weil sie der sicherste Weg zum Glück sind, gehen ihn die Erleuchteten.

Alle wahren Beweggründe sind eigennützig. Wäre es anders, würden wir die Menschheit nicht wiedererkennen. Ein Mensch kann eine Handlung begehen, aus der ein anderer Nutzen zieht, wärend er selbst dadurch Schaden nimmt. Aber er begeht sie deshalb, weil er das Böse des persönlichen Schadens dem größeren Bösen der fundamentalen Unzufriedenheit vorzieht, die ihn peinigen würde, wenn er diese Handlung nicht beginge.

Noch niemand hat bisher nach dem Wohl eines anderen gestrebt, wenn nicht als Mittel zu seinem eigenen Wohl. Und der gesunde Menschenverstand sagt einem, dass es auch so sein sollte. Es gibt jedoch größeren und geringeren Eigennutz. Letzteren nennen wir Selbstlosigkeit. Und Letzteren feiern wir an Weihnachten. Wir sollten deshalb immer in Erinnerung behalten, dass Weihnachten nicht nur das Fest des Heiligen Freundes ist, sondern noch grundsätzlicher das Fest des eigenen Wohlergehens.

IX.
Die Reaktion

Zwischen Weihnachten und Neujahr setzt eine Reaktion ein. Sie ist unvermeidlich; und ich wäre ein schlechter Autor, wenn ich ihr nicht ein eigenes Kapitel widmen würde. Sie vollzieht sich in diesen wenigen Tagen der Muße, zwischen den Festlichkeiten und der Wiederaufnahme des unerbittlichen Alltagstrotts. Wenn das Wetter wieder seine gehässigen Kommentare abgibt und wir den Preis für unsere Maßlosigkeit ins Papiertaschentuch schneuzen, sehen wir das Leben und die Welt in einem grauen und düsteren Licht, das wir für das einzige wirkliche Licht halten.

Nehmen wir den Fall des typischen erfolgreichen Fünfunddreißigjährigen. Was denkt er, wenn er am ersten Weihnachtsfeiertag in der Lounge herumlümmelt?

Vermutlich geht ihm durch den Kopf: „Selbst wenn ich ein hohes Alter erreiche, was unwahrscheinlich ist, da ebenso viele Jahre hinter mir liegen wie vor mir, habe ich mein Leben doch zur Hälfte gelebt und vielleicht schon mehr als zur Hälfte. Ich habe meinen weltlichen Ehrgeiz erkannt. Ich habe viele gute Entscheidungen getroffen und die eine oder andere auch mehr oder weniger unvollkommen eingehalten. Als vernünftig denkender Mensch kann ich nicht hoffen, in Zukunft noch einen größeren Teil guter Entscheidungen treffen zu können, als ich es in der Vergangenheit tat. Ich habe versucht, meine Mitgeschöpfe zu verstehen und ihnen Anteilnahme entgegenzubringen, und obwohl ich damit nicht völlig gescheitert bin, fehlte daran nicht viel.

Ich bin weder glücklich noch zufrieden. Und wenn ich nach all diesen Jahren weder glücklich noch zufrieden bin, welche Chance habe ich dann, in meiner zweiten Lebenshälfte glücklich und zufrieden zu werden? Dass ich einen Teil meines weltlichen Ehrgeizes befriedigt habe, hat mich nicht glücklicher gemacht, deshalb ist es unwahrscheinlich, dass die Einsicht in meinen ganzen Ehrgeiz mich glücklicher machen wird. Meine Kraft kann nicht mehr wachsen; sie kann nur noch schwinden; genau wie meine Gesundheit.

Weshalb sollte ich dann noch weiter dem Unmöglichen nachstreben? Weshalb sollte ich nicht allem einfach seinen Lauf lassen?"

So sinniert der typische Erfolgsmensch, und es gibt nicht einen unter uns, erfolgreich oder nicht, ehrgeizig oder nicht, dessen Überlegungen nicht oft zu ähnlich unbefriedigenden Schlussfolgerungen geführt hätten. Weshalb sollte ich oder irgendein anderer so tun, als verhielte es sich anders?

Dabei wissen wir schon im Augenblick der Entmutigung und der düstersten Zukunftsaussichten ganz genau, dass wir weitermachen werden, dass der Instinkt weiterzumachen stärker sein wird als jede aufrichtige Überzeugung, der erwünschte Ausgang ließe sich nicht herbeiführen.

So sehr wir uns auch darüber im Klaren sind, dass weltlicher Ehrgeiz, einmal erkannt, die gleiche Unzufriedenheit hervorbringt wie das Essen von Meeresfrüchten aus dem Toten Meer, werden wir doch weiterkämpfen.

Nun kommt man gegen Tatsachen nicht an, und dies ist eine Tatsache. Sie muss akzeptiert werden. Man kann sein Verhalten nur anpassen. Der Kampf ist unvermeidlich und muss nach besten Kräften ausgetragen werden. Er wird nicht in einem strahlenden Sieg enden, aber man kann Vorsichtsmaßnahmen ergreifen, damit er nicht zu einer schmachvollen Niederlage wird. Diese Vorsichtsmaßnahmen bestehen darin, einen Schlachtplan zu entwerfen, der sich aus einer gewissen Anzahl an Entscheidungen zusammensetzt, die an Neujahr oder kurz darauf getroffen werden. Ohne diese Entscheidungen wäre der Kampf ungeordnet, verworren, blindwütig und sogar noch vergeblicher als mit ihnen. Organisierte Bemühungen werden stets weniger wirkungslos sein als nicht organisierte Bemühungen.

Weltlicher Ehrgeiz kann oft erkannt werden, aber ein Ideal lässt sich nicht erreichen. Wäre das möglich, wäre es kein Ideal mehr. Die Tugend eines Ideals ist seine Unerreichbarkeit. Hat es sich einmal etabliert, scheint es ebenso erreichbar zu sein wie bloßer weltlicher Ehrgeiz. Aber das Ideal ist nach vierundzwanzig Stunden noch immer nicht erreicht, und nach achtundvierzig Stunden ist es sogar etwas in die Ferne gerückt. Nach einer Woche ist es noch weiter entfernt, und nach einem Monat abermals weiter; und am Jahresende hat selbst das scharfe Auge der Hoffnung es aus dem Blick verloren; es hat sich eindeutig aus dem Bereich der Erfahrungswelt zurückgezogen.

Und dann zeigt sich der grenzenlose Starrsinn des Menschen, und die Jahreswende gibt uns einen Vorwand, noch einmal von vorn anzufangen, ein neues Ideal zu finden und unsere Schande in einer weiteren organisierten Bemühung zu vergessen. Das ist der jährliche Kreislauf von Ideal, Bemühung, Scheitern und Schande. Scheinbar ist das eine recht erbärmliche

Geschichte! Dabei ist sie gleichzeitig auch sehr glorreich! Scheitern und Schande sind nämlich nur Reaktionen auf die Großartigkeit unseres Ideals und die Verwegenheit des Glaubens an uns selbst. Lediglich im Vergleich mit unserem Ideal sind wir gescheitert. Unser Scheitern und unsere Schande haben uns auf eine höhere Ebene gebracht, als es der Fall gewesen wäre, wenn wir nicht versucht hätten, uns emporzuschwingen.

Einige von euch werden jetzt sagen: „Dann stimmen wir die Großartigkeit unseres Ideals und die Verwegenheit unserer Selbsttäuschung doch einfach besser aufeinander ab, damit keine so breite Kluft mehr zwischen dem Ziel und der Leistung klafft. Eine derartige Bescheidenheit stünde doch sicher im Einklang mit dem gesunden Menschenverstand! Bestimmt würde man sich durch die fruchtlosen Bemühungen dann weniger schnell spirituell erschöpft oder enttäuscht fühlen!“ Das ist wahr. Aber versuche einmal das Ideal und die Selbsttäuschung in Bescheidenheit zu üben! Du wirst trotz all deiner traurigen Erfahrungen feststellen, dass das nicht möglich ist. Wenn in dir wirklich ein Mensch steckt, gelingt es dir einfach nicht! Die Wahrheit ist, dass man bei erhabenen Dingen nicht nach den Regeln des gesunden Menschenverstands vorgeht, sondern wie unter einem inneren Zwang über sie hinausreicht. Der gesunde Menschenverstand will das Ideal vielleicht unterdrücken, und die Selbsttäuschung möchte gern zustimmen. Aber die ganze Zeit über flüstert die Selbsttäuschung auch: „Ich kann es noch einen Tick besser." Und siehe da – schon ist das Ideal wieder in seiner ganzen Größe zur Stelle!

Man hat wirklich nur sehr wenig Kontrolle über die Größe eines Ideals und die Stärke des Glaubens an sich selbst. Man wird damit geboren wie mit einem bestimmten Pulsschlag und bestimmten Reflexen. Man kann das Ideal so lange vernachlässigen, bis es sich nahezu auflöst, aber an seiner Großartigkeit kann man nichts ändern. Das ständige Ausgeliefertsein an die Torheit entstellt vielleicht den Glauben an einen selbst, aber durch reine Willenskraft wurde noch keine Flamme ausgelöscht. Im verborgensten und tiefsten Inneren des Menschen steht geschrieben, dass das Missverhältnis zwischen Ziel und Errungenschaft grotesk erscheinen wird; es steht geschrieben, dass man ungeheuer viel Lärm um fast nichts machen wird; es steht geschrieben, dass der Berg eine Maus gebären wird. Aber es steht auch geschrieben, dass Menschen vergnügt bleiben und die Lächerlichkeit ignorieren werden, die sie sich eingestehen müssten, und dass sie aus einer magischen, unerschöpflichen Quelle wieder neue Hoffnung und Selbsttäuschung beziehen werden.

Und das ist die ganze Philosophie hinter den guten Vorsätzen an Neujahr.

X.
Am letzten Tag des Jahres

Es gibt nur wenige Menschen, die das Leben wirklich verstehen, selbst in den ruhigen und ernüchternden Stunden des Nachdenkens, die sich zwischen den Jahren einstellen. Nahezu alle Menschen tragen die Vorstellung mit sich herum, dass sie nur bestimmte Schwierigkeiten und Peinlichkeiten bewältigen müssten, damit sie richtig anfangen könnten zu leben. Und wenn sie Schneid haben, sagen sie sich: „Ich bringe alles auf die Reihe, und dann fange ich richtig an."

Ebenso sieht beinahe jeder beim Anblick der Welt in ihr ein Prinzip, das er das Böse nennt; und er denkt sich: „Könnten wir doch nur dieses Böse abschaffen, wie schön wäre dann die Welt!" Dabei gibt es in der eigentlichen Bedeutung des Wortes gar kein Prinzip des Bösen.

Gehst du davon aus, dass es ein solches Prinzip beispielsweise im Charakter einer bestimmten Person gibt, dann unterstellst du damit, dass es dieses Prinzip überall gibt. So, wie man sich angesichts einer Person mit einem angeblich schlechten Charakter immer einen noch schlechteren Charakter vorstellen kann, so kann man sich auch bei einem guten Charakter immer einen noch besseren vorstellen.

Beseitige das Böse in der Welt, und du würdest nicht nur einige besonders unangenehme Missstände ausräumen, du würdest alles verändern. Du würdest wahre Vollkommenheit herbeiführen. Wenn wir sagen, das eine ist böse und das andere gut, meinen wir damit doch nur, dass das eine gegenüber dem anderen hinsichtlich seiner Vollkommenheit nicht so weit fortgeschritten ist. Deshalb kann es kein Prinzip des Bösen geben; das, was wir böse nennen, ist lediglich ein Grad mangelnder Vollkommenheit.

Und nehmen wir einmal an, die Sehnsüchte der Menschen wären schlagartig erfüllt und die Welt wieder vollkommen! Dann gäbe es ja keinen Anlass mehr für irgendwelche Bemühungen, keine widersprüchlichen Motive im menschlichen Herzen; es gäbe nichts mehr zu tun, niemanden, mit dem man sich noch anfreunden könnte, kein Verlangen und kein Wunsch blieben unbefriedigt. Ein Gleichgewicht würde sich einstellen, eine fröhliche Welt entstehen! Man begreift sofort, wie amüsant das wäre. Es gäbe nur eine einzige Rückzugsmöglichkeit: den Tod.

Es gäbe keinen Grund zum Leben mehr. Leben bedeutet Veränderung durch stetige Weiterentwicklung. Aber das Vollkommene kann sich nicht weiterentwickeln. Das Vollkommene kann nur noch auslöschen.

Der vorhin erwähnte typische Erfolgsmensch spürt das alles instinktiv, ohne es verstandesmäßig zu begreifen. Aber was geschieht, wenn er seinen Ehrgeiz gestillt und sich sich vom Kampf des Lebens zurückgezogen hat, um sich an seinem Dasein zu erfreuen? Er erschafft sofort neue Schwierigkeiten und Peinlichkeiten, indem er eine Firma oder eine Familie gründet oder sonst etwas in der Art.

Hält eine solche Person nicht an Bedingungen fest, die weitere Auseinandersetzungen erforderlich machen, stirbt er oder sie bald, spirituell wie körperlich, oft auch beides. Die Anzahl jener, die ein Gleichgewicht gefunden haben und gleich darauf sterben, ist immens. Ständige Bemühung, die selbstverständlich auch ständige Enttäuschung bedeutet, ist eine *conditio sine qua non* – ohne sie gibt es keine Lebenskraft. Schafft man sie ab, schafft man das Leben ab. Deshalb betrachten Menschen, die keinen Geschmack am Kämpfen haben, das Ende des Kampfes stets als den Anfang von Freude und Glück. Diesen Menschen entgeht das Wesentliche im Leben; sie wollen den Tod gegen das Leben eintauschen. Der Giftbecher würde ihnen eine lange Wartezeit ersparen.

Wenden wir uns nun der Frage zu, was mit den Annahmen der typischen Erfolgsmenschen, wie im vorigen Kapitel geschildert, nicht stimmt. Unter der Voraussetzung, Glück sei das, was man nicht hat, haben sie eine falsche Vorstellung von Glück entwickelt. Wenn sie diese Vorstellung genauer unter die Lupe nehmen, stellen sie fest, dass sie darauf hinausläuft, sich an Liebe und Luxus zu erfreuen und an der mühsam erkämpften Freiheit. Im Allgemeinen wollen sie alle drei Bestandteile.

Nun bedeutet leidenschaftliche Liebe nicht Glück; sie bedeutet Aufregung, Einvernahme und immer neues Verlangen. Und auch zärtliche Liebe, aus der die Leidenschaft gewichen ist, bedeutet noch lange nicht Glück, denn ihre sanfte Gelassenheit ist von Sehnsucht nach der feurigen Vergangenheit erfüllt. Luxus hat, wie jene erfahren haben, die genug davon hatten, keinen wie auch immer gearteten Zusammenhang mit Glück. Und was die mühsam erkämpfte Freiheit angeht, so bedeutet sie schlicht den Tod.

Glück, wie man es sich erträumt, kann es eigentlich nicht geben, bis auf kurze Phasen der Selbsttäuschung, gefolgt von grauenhaften Zeiten der Reaktion. Wahres, anwendbares Glück verdankt sich nicht einer bestimmten Umgebung, sondern einer inneren Haltung. Wahres Glück besteht erstens aus der Akzeptanz des Umstands, dass Unzufriedenheit eine Grundbedingung des Lebens ist, und zweitens in dem Bemühen, sein Verhalten auf ein Ideal auszurichten.

Wahres Glück ist keine Frage der Zukunft, so wenig wie der Vergangenheit. Tatsache ist, wenn es jetzt nicht erlangt werden kann, dann nie. Wahres Glück besteht in der Geduld und dem Begreifen, dass in Fragen der Vollkommenheit nur deshalb wenig erreicht wird, weil das menschliche Dasein lediglich ein kurzer Augenblick in der großen Weite universellen Lebens ist. Glück stellt sich durch das Verständnis ein, dass Kämpfen lebenswichtig und ein Ende des Kämpfens nur ein anderer Name für den Tod ist.

„Also", höre ich euch jetzt aufschreien, „wenn das alles ist, worauf wir uns freuen dürfen, wenn des alles ist, worauf das echte, verwertbare Glück hinausläuft, hat das Leben dann überhaupt einen Sinn?" Diese Frage muss jeder für sich selbst beantworten. Antwortet er mit Nein, so wird kein Argument, keine Überredungskunst, keine Einfühlsamkeit die Tatsachen des Lebens oder eine solche Meinung umstoßen können. Die meisten Menschen antworten jedoch mit Ja. Trotz der Hindernisse, trotz aller endlosen Enttäuschungen, haben sie beschlossen, dass es sich lohnt zu leben.

Es gibt zwei Arten von Phänomen, die diese Sichtweise in ihnen wachrufen. Die erste könnte man als goldene Augenblicke des Lebens bezeichnen, die in ihrer Flüchtigkeit und Kürze wohl irgendwie den Groll über das grenzenlose Mittelmaß wieder wettmachen sollen. Das sind die Augenblicke des Triumphes im Kampf; Augenblicke wilder Entschlossenheit; Augenblicke der Freude an der Natur; Augenblicke, die nie in Vergessenheit geraten und so kostbar sind, dass man sie für kein Geld der Welt kaufen kann.

Die zweite Art ausgleichender Phänomene sind all die angenehmen Erfahrungen, die mit der Freundschaft unter den Menschen und dem generellen Eindruck zusammenhängen, dass man nicht allein auf der Welt ist. Zur Mehrung und Stärkung dieser Phänomene gibt es die Weihnacht, das Fest des Heiligen Freundes. Und am letzten Tag des Jahres, am Vorabend wieder aufgenommener Bemühungen, richten sich unsere Gedanken dann vielleicht auf einen profitablen Plan für Neujahr, der zu einer weniger vollkommenen, dafür aber glücklicheren Gemeinschaft von Freunden führen wird.

Allegria
inspiration

ORISON S. MARDEN
Dein Schlüssel zum Glück
Laminierter Pappband, 160 Seiten
€ [D] 10,– / € [A] 10,30
sFr 18,50
ISBN-13: 978-3-7934-2056-9
ISBN-10: 3-7934-2056-6

Orison S. Marden ist der Begründer des amerikanischen Magazin-Welterfolges Success, einer der bis heute erfolgreichsten Wirtschafts-Publikationen. Bis zu seinem Tod 1924 verlegte und leitete er dieses Magazin und gilt als Vordenker aller modernen Bücher zur Selbstmotivation. Marden wurde 1850 in New Hampshire geboren und verbrachte seine Jugend in einfachsten Verhältnissen ohne Schule und jede Ausbildung. Sein Studium in Harward und Boston finanzierte er sich selbst. Sein eigener Lebensweg wurde zum Vorbild für seine Selbsthilfe-Bücher, mit denen er zu Beginn des 20. Jahrhunderts bereits Millionen Leser erreichte.